Gaelic is Fun-tastic!

A follow-up to GAELIC IS FUN!
the new course in spoken Gaelic for the beginner

Based on the original *Welsh is Fun-tastic!*
by Heini Gruffudd, MA, and Elwyn Ioan, using the translation *Irish is Fun-tastic!* by Dr Seán Ó Riain

Scottish Gaelic Version: Colm Ó Baoill

BIRLINN

First published in 2007 by
Birlinn Limited
West Newington House
10 Newington Road
Edinburgh EH9 1QS

www.birlinn.co.uk

ISBN 13: 978 1 84158 330 3
ISBN 10: 1 84158 330 8

British Library Cataloguing-in-Publication Data
A catalogue record for this book is available from the British Library

Typeset by Mark Blackadder
Printed and bound by Polskabook, Poland

Chuidich Comhairlie nan Leabhraichean am foillsichear
le cosgaisean an leabhair seo.

Ro-ràdh
(Introduction)

If you want to learn Gaelic, you can, even if you've never learned a new language before. All that's required is that you want to.

The secret is simple – 15 to 20 minutes per day every day, and then use what you've learned. That's vital – what you don't use you quickly forget.

Just take every opportunity you get to use the language. You'd be surprised how often you'll meet a Gael and get a chance to say "Ciamar a tha thu?"

Don't be deterred if you are corrected. The language belongs as much to you as to whoever tries to correct you, but usually people who correct you are trying to help. If you're still put off by being corrected, practise your Gaelic with young children and babies! They won't put you down, and by talking to them you help the language immeasurably.

After many centuries of decline, Gaelic in modern-day Scotland is coming to reassert itself as one of our national languages – the oldest one. The Gaelic Language (Scotland) Act was passed in the Holyrood parliament in 2005, and it is hoped that it will lead to a constitutionally guranteed secure status for the language.

The importance of Gaelic as a badge of national identity is particularly evident in dealings with the European Union, where small countries can have an importance much greater than their mere political power alone would allow. When Scotland takes its place in Europe, Gaelic will have to be given its proper place of honour.

Knowledge of three languages, instead of the usual two (Scots and English), will be of great help in making it that much easier to learn more of Europe's languages and thus to relate to more of Europe's people. For it is well known that the more languages you learn, the easier it gets to learn new ones.

The spelling-system used in this book follows, as far as possible, that used in Richard A.V. Cox's Gaelic-Gaelic dictionary *Brìgh nam Facal: faclair ùr don bhun-sgoil* (Oilthigh Ghlaschu: Roinn nan Cànan Ceilteach, 1991). The first four lessons (*Ath-sgrùdadh 1–4*) are revision lessons, using knowledge gained in *Gaelic is Fun!* You can use them in the following ways:

- Try describing the picture yourself in Gaelic: make up as many sentences as you can (never mind how simple), using as many words as you know.
- Read the conversation aloud.
- Translate the conversations into English (correct translations are given at the back of the book).
- Translate the translation at the back of the book back into Gaelic.
- Once again, make up sentences describing the pictures and make up conversations of your own. If possible, do this with another 'learner'.

The remaining sixteen lessons (pp. 20–83) introduce new knowledge, but include many words you already know from *Gaelic is Fun!* Go through these lessons thoroughly, mastering each one before you go on to the next.

Here are some suggestions:

- Read all the conversations aloud.
- Study the notes underneath, then re-read the conversation, trying to understand each sentence with the help of the English translation.
- Cover the English translation and re-read again, to see if you understand.
- Cover both the Gaelic and the English and make up your own conversation: it doesn't matter how different it is from the one printed in the book.
- Describe the pictures in Gaelic, making up as many sentences as you can, using the new vocabulary.
- Do the exercises at the end of each lesson. Answers are given at the back of the book (pp. 91–94), so you can translate them from English back into Gaelic as well.
- Get a Gaelic speaker to help you along the way, if possible, and exploit her or him mercilessly.

In case of difficulty when trying out your Gaelic, say: *Tha sin ro luath! Tha mi ag ionnsachadh na Gàidhlig.* (That's too fast! I'm learning Gaelic.)
Pronounced ha shin ro loo-a
ha mee gewn-sacha na gahl-ig

Use your Gaelic whenever you can. All Gaelic speakers will be delighted to help.

Why not buy a small Gaelic dictionary? (See next note.)

To get some practice in Gaelic, at all levels, ask Comhairle nan Leabhraichean (the Gaelic Books Council) for one of their book-lists (write to them at 22 Mansfield Street, Glasgow G11 5QP, or phone 0141 337 6211 or fax 0141 341 0515 or e-mail brath@gaelicbooks.net).

Why not join a Gaelic language organisation or club? The oldest one, *An Comunn Gaidhealach*, has branches all over the country.

And if you can sing, why not sing in Gaelic? You might be really good! You might be chosen to sing at the Mod, maybe win a gold medal! Nothing is impossible if you can speak Gaelic!

Tha mi gu mòr fo chomain aig mo chàirdean an Obar Dheathain, Seumas Grannd, Richard A. V. Cox agus Cairistìona NicCoinnich, airson na thug iad de chuideachadh fialaidh dhomh.

Colm Ó Baoill
Samhradh 2007

Litreachadh agus Fuaimneachadh (Spelling & Pronunciation)

Gaelic uses a more or less phonetic spelling system, but it is quite a complex system. This is because 18 letters have to be manipulated to cover something like 60 sounds. (English has only 41 sounds, French 36.) The letters j, k, q, v, w, x, y and z do not occur in Gaelic. Many sounds in Gaelic do not exist in English. A native speaker of Gaelic, or a recording of one, is the best guide, and the following can only serve as a substitute. But if you follow it closely you will achieve approximately the same degree of accuracy as most learners.

CONNRAGAN LEATHANN agus CONNRAGAN CAOLA
(broad and slender consonants)

Most consonants have two sounds, depending on the vowels occurring before and after them.

FUAIMREAGAN LEATHANN (Broad vowels): A, O, U
FUAIMREAGAN CAOLA (Slender vowels): E, I

The general rule is stated in Gaelic as *Caol ri caol agus leathann ri leathann* ("Slender with slender and broad with broad"), which means that normally if a consonant, or group of consonants, is preceded by a broad vowel then a vowel coming immediately after it must also be broad, and so we speak of Broad Consonants. Similarly, if the preceding vowel is slender the consonant (or consonant group) is slender and a following vowel must also be slender. Thus *eala*, "a swan", and *eile*, "other", are mainly distinguished from each other by the fact that the *l* in the first is broad and that in the second is slender.

c broad: much like the *c-* in English *cup*; in Gaelic *cò*? (who?)

c slender: a sort of 'ky' sound, like the *c-* in English *cube*; in Gaelic *ceò* (fog)

d broad: like *d-* in English *done*, but 'thicker'; try biting your tongue as you say it; *doras* (door)

d slender: very much like English *j*; *deoch* (a drink)

g broad: a voiced equivalent of c broad; *gorm* (blue)

g slender: a voiced equivalent of c slender; *geòidh* (geese)

ll (and sometimes single l- at the beginning of a word) broad: much like English *l*, but with the tongue pressed tightly behind the top teeth; *balla* (wall), *làmh* (a hand)

ll (and sometimes single l- at the beginning of a word) slender: a sort of 'ly' sound, as in English *value*; *cailleach* (old woman), *gu leòr* (enough)

nn (and single n- at the beginning of a word) broad: like English *n*, but with tongue pressed tightly behind the top teeth; *beannachd* (a blessing); *nàire* (shame)

nn (and single n- at the beginning of a word) slender: 'ny' sound, as in English *new*; *bainne* (milk), *neach* (a person)

r broad: as in English; *ràmh* (oar), *iarr* (ask)

r slender: difficult to describe, like a cross between 'or' and 'y'; but easier in the Western Isles, where it is pronounced like the *th-* in English *thus*, *then*; *aire* (attention), *iasgair* (fisherman)

s broad: as in English; *salann* (salt)

s slender: as English *sh*; *sinn* (we, us); *faisg* (near)

t broad: like *t-* in English *top*, but 'thicker'; try biting your tongue as you say it; *tonn* (a wave)

t slender: very much like English *ch-* in *church; till* (return)

Sèimheachadh (Lenition)

Consonants followed by an 'h'. The sound is changed as indicated:

bh: like 'v'; *a bhean* (his wife), *sa bhàta* (in the boat)

ch: *loch* (a loch); *chaill e* (he lost); when slender the sound is like -*ch* in German *ich*; *sa cheò* (in the fog), *oidhche* (night)

dh, gh broad: these are identical in pronunciation, a voiced version of ch broad, like *g-* in Spanish *agua*; *a dhà* (two), *a ghaoil* (my love), *seadh* (yes)

dh, gh slender: identical in pronunciation, a 'y' sound; *dh'ith mi* (I ate), *a' ghealach* (the moon)

fh: usually silent; *air an fheur* (on the grass)

mh: nasal 'v' (spoken 'through the nose'); *mo mhàthair* (my mother)

ph: 'f' sound; *a' phòg* (the kiss)

sh, th: both pronounced as 'h' (remember, for the English *sh-* sound Gaelic uses slender -*s*-); *mo shùil* (my eye), *thig a-steach* (come in)

ACCENT

With very few exceptions, the accent in Gaelic is always on the first syllable of a word; the exceptions are borrowed words like 'potato', in Gaelic *buntàta*. Otherwise a word with two syllables or more can be stressed on the second syllable only if it is preceded by a hyphen: *a-nochd* (tonight). Here the exceptions are surnames, like *MacLeòid*, and the days of the week, like *Diluain* (Monday).

LENGTH

The Gaelic way of marking a long vowel is to place over it a mark identical in form with the French grave accent (`). In Gaelic it is a mark of length, not an accent, because in Gaelic, unlike English and Scots, the difference between a long vowel and a short one can be crucial for the meaning of a word: *car* (a turn), *càr* (a car).

SOME VOWELS

Vowels and diphthongs (spoken combinations of two vowels) are pronounced largely as in Scots. But sometimes in Gaelic two letters have to be written to indicate a single vowel:

ea: usually a short open e-sound as in English *pet*: *peata* (a pet)

eu: a long closed e-sound as in English *grey*: *ceum* (a step)

ì: always a long slender vowel, the -*ee*- in English *see*, *pee*: *dìle* (a flood)

io: simply a short *i*-sound, when followed by a broad consonant: the -*o*- has no sound, being there only to mark the broad consonant: *tiota* (a moment)

ao: an obscure long vowel, a bit like a *u* pronounced with the lips spread, or like the -*u*- in standard English *burn* when the -*r*- is lost: *caol* (slender)

Ath-sgrùdadh

REVISION LESSONS
(based on *Gaelic is Fun!*)

Ath-sgrùdadh 1 (Revision)
An Stèisean (The Station)

Còmhradh a h-Aon (Conversation 1)

A bheil an trèana san stèisean?

Tha, tha i aig àrd-ùrlar a h-aon.

Cuin a bhios an trèana a' falbh, a ghràidh?

Bidh i a' falbh aig leth-uair an dèidh a trì.

Càit a bheil do dhuine?

Tha e air an trèana.

Còmhradh a Dhà (Conversation 2)

Madainn mhath. A bheil *Am Pàipear Beag* agad?

Chan eil, chan eil lethbhreac againn. Ach tha *A' Ghrian*
ann.

Glè mhath. Dè na tha *A' Ghrian*?

Trì fichead sgillinn, mas e do thoil e.

Tha cìochan mòra air a' chaileig! Hà hà!

Seo not.

Tapadh leat. Dà fhichead sgillinn iomlaid.

Beannachd leat!

Còmhradh a Trì (Conversation 3)

A phortair! A bheil an trèana seo a' dol a dh'Inbhir Nis?

Chan eil. Tha i a' dol tro Shruighlea.

A bheil trèana idir san stèisean a tha a' dol a dh'Inbhir Nis?

Tha. Tha tè a' ruigsinn àrd-ùrlar a trì an-dràsta, ach cha
bhi i a' falbh gu cairteal gu aon uair deug sa mhadainn a-
màireach.

An donas! Tapadh leat, a phortair.

Is/Are	Is?/Are?	Is there?/Is the?
Tha	*i*	*air an trèana*
	e	*a' dol air an trèana*
	baga	
	am baga	
	na bagannan	

*A bheil baga air an trèana? Chan eil, chan eil baga idir air an
trèana.*

A bheil e/am baga/Uilleam/i air an trèana?

Chan eil, chan eil e/am baga/Uilleam/i air an trèana.

FREAGAIR – ANSWER (from the picture opposite)

1. Dè an uair a tha e?
2. A bheil trèana aig àrd-ùrlar a h-aon?
3. A bheil duine a' ceannach *A' Ghrian*?
4. A bheil an stèisean glan?
5. A bheil am portair ag obair?
6. Cuin a bhios an trèana a' dol do Chaol Loch Aillse?
7. Càit a bheil an trèana air àrd-ùrlar a h-aon?
8. Càit a bheil bùth nam pàipearan?

Ath-sgrùdadh 2
San Taigh (In the House)

Còmhradh a h-Aon

A bheil thu ag èirigh, Iain?

Tha. Tha mi ga mo nighe fhìn.

Tha thu fadalach. Tha sinn a' falbh aig naoi, tha fhios agad.

Tha mi coma. Chan eil mi air mo bhearradh fhathast. A bheil a' bhracaist deis?

Tha, tha i air a' bhòrd.

Còmhradh a Dhà

A Sheònaid! A bheil thu a' tighinn gu bracaist?

Tha. Tha mi ga mo sgeadachadh fhìn an-dràsta. Càit a bheil mo sgiort, a mhamaidh?

Tha i sa phreas. A bheil drathais agad?

Tha, agus brà. A bheil ugh ann don bhracaist?

Tha, ugh bruich.

Còmhradh a Trì

A Dhòmhnaill, dè tha thu ag iarraidh gu do bhracaist?

Tha mi ag iarraidh ugh, tost agus silidh.

A bheil thu ag iarraidh cupa tì?

Chan eil. B' fheàrr leam bainne òl.

A Thighearna! Tha an tost a' losgadh.

O, mo chreach! Tha an cù ag ithe an arain, agus tha Mairead san amar-ionnlaid, agus chan eil sinn deis airson falbh.

I am / You are etc.		*... not ...*
Tha	*mi*	*a' tighinn*
Chan eil	*thu*	*ag ithe*
A bheil	*sinn*	*aig a' bhòrd?*
	sibh	*deis?*
	iad	

FREAGAIR

1. A bheil thu ag èirigh an-dràsta?
2. A bheil thu ag ithe bracaist?
3. Am bi thu a' gabhail bainne san tì agad?
4. Am bi thu ga do nighe fhèin ro do bhracaist?
5. A bheil thu a' dèanamh tost?
6. Càit a bheil Mairead?
7. Dè tha Seònaid a' dèanamh?
8. A bheil iad deis airson falbh?

Ath-sgrùdadh 3
Air an Tràigh (On the Beach)

Còmhradh a h-Aon

Tha i teth.

Tha. Tha broilleach mòr brèagha oirre.

Chan e, amadain! Tha an aimsir teth.

O, tha gu dearbh, uabhasach teth. Bheil thu ag iarraidh reòiteig?

Tha mi ag iarraidh ceithir dhiubh.

Dè na tha iad?

Sia sgillinn an tè. Sin ceithir sgillinn air fhichead.

Tapadh leat.

Còmhradh a Dhà

Tha an caisteal mòr.

Tha. Is toigh leam a bhith a' togail chaistealan-gainmhich.

Am bi thu tric a' snàmh?

Cha bhi, ach bidh mi a' seòladh.

A bheil Seumas a' ceannach reòiteagan?

Tha. Tha e a' faighinn ceithir dhiubh.

Còmhradh a Trì

A bheil aodach ort?

Tha, tha bikini orm.

A bheil thu a' faicinn an duine aig a bheil an caisteal-gainmhich?

Tha. Chan eil e a' sealltainn oirnn.

'S e duine mòr làidir a tha ann.

Adjectives: sèimheachadh (= + h) after *glè*, 'very'

fliuch:	tha an aimsir glè fhliuch
mòr:	's e duine glè mhòr a tha ann
beag:	tha am bikini glè bheag

Habitual and Future: bidh instead of *tha*

tha a' chaileag bòidheach: bidh a' chaileag a' snàmh a h-uile latha: bidh a' chaileag an seo a-màireach

chan eil an aimsir fliuch an-diugh: cha bhi an aimsir fliuch an seo idir: cha bhi an aimsir dona a-nochd

am bi an aimsir brèagha? Bithidh, tric gu leòr: cha bhi a-màireach

---

FREAGAIR

1. Am bi thu a' sealltainn air caileagan air an tràigh?
2. Am bi thu a' snàmh sa mhuir?
3. Am bi an duine a' ceannach reòiteig an-diugh?
4. Am bi an t-athair a' togail caisteal a h-uile latha?
5. A bheil an aimsir teth?
6. Càit a bheil an duine a' snàmh?
7. A bheil na caileagan bòidheach?
8. A bheil iad a' fuireach san taigh-òsta?

16

Ath-sgrùdadh 4
A' Gharaids (The Garage)

Còmhradh a h-Aon
An robh an càr an òrdugh?
Cha robh, bha na casgain briste.
An robh an gìodhar an òrdugh?
Bha, taing do shealbh.
An robh thu ag obair air a' chàr sa mhadainn?
Bha, bha mi ag obair glè chruaidh.

Còmhradh a Dhà
A bheil an càr deis?
Chan eil, cha bhi e deis an-diugh.
Am bi e deis a-màireach?
Bithidh. Am bi thu a' tighinn an seo a-màireach?
Bithidh, bidh mi an seo aig naoi uairean.

Còmhradh a Trì
Bu toigh leam pàigheadh, mas e do thoil e.
Tapadh leat. Seo an cunntas.
A Thighearna! Tha e uabhasach daor.
Deich not air fhichead.
An gabh thu seic?
A bheil cairt-banca agad?
Chan eil, tha mi duilich.

Coma leat! Bidh an càr a' dol gu math a-nise.

Was/were
Bha mi, thu, e, i, sinn, sibh, iad

Question	Yes	No
An robh mi etc.?	*Bha*	*Cha robh*

Will/will not be
Bidh mi, thu, e, i, sinn, sibh, iad
Bithidh is generally confined to answers and emphatic statements.
Cha bhi mi, thu, e, i, sinn, sibh, iad

Questions	Yes	No
Am bi mi, etc.?	*Bithidh*	*Cha bhi*

FREAGAIR

1. An robh an càr an òrdugh?
2. An robh thu ag obair sa mhadainn?
3. An robh thu ag obair an-dè?
4. An robh an cunntas daor?
5. Am bi an càr deis a-màireach?
6. Am bi thu a' dol a dh'obair a-màireach?
7. Am bi thu a' dol a chadal a-nochd?
8. A bheil cairt-banca agad?

Now begin FUN-
TASTIC Gaelic

Na Leasain
The Lessons

N.B.
Go through the pictures (1–8) in each lesson first; then go back to study
the grammar and vocabulary & finally do the "Say & Translate" exercise.
Master one lesson before going on to the next.

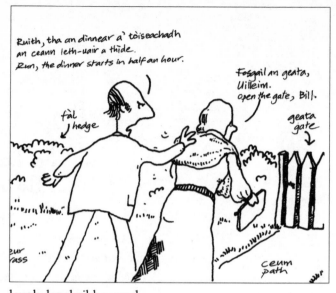

COMMANDS

Add -*(a)ibh* to the verb for plurals: *cuiribh, dèanaibh*

thig a-steach, thigibh a-steach – come in
suidh, suidhibh – sit
tiormaich, tiormaichibh – dry
faigh, faighibh – get
seall, seallaibh – look

leugh, leughaibh – read
thoir, thoiribh – give
thoir air falbh, thoiribh air falbh – take away
bi, bithibh – be
òl, òlaibh – drink
trobhad, trobhadaibh – come on, come along
greas ort, greasaibh oirbh – hurry up
stad, stadaibh – stop

ruith, ruithibh – run

fosgail, fosglaibh – open

coisich, coisichibh – walk

dràibhig, dràibhigibh – drive

thalla, thallaibh – go

bi falbh, bithibh a' falbh – go away

ith, ithibh – eat

FACLAN (Vocabulary)

fadalach – late

ceart gu leòr – all right

sgiort – skirt

gorm – blue

dìnnear – dinner

tòisich – begin, start

geata – gate

luath – fast, quick

sàmhach – quiet

romham – before me

fìon – wine

Remember that the correct answers to the "Say & Translate" exercises are on pages 91–94.

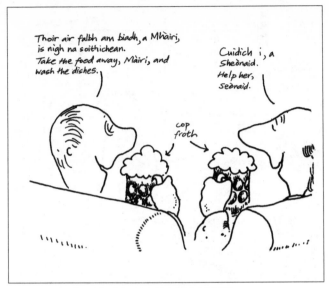

CAN AGUS EADAR-THEANGAICH
(Say and Translate)

1. Ruith, tha sinn fadalach.
2. Dràibhig gu slaodach (*slowly*).
3. Fosgail an doras.
4. Thig a-steach.
5. Cuir dhìot do chòta.
6. Thalla romham.
7. Suidhibh aig a' bhòrd.
8. Ith do bhiadh uile (*all*).
9. Thoir a-nall am pàipear.

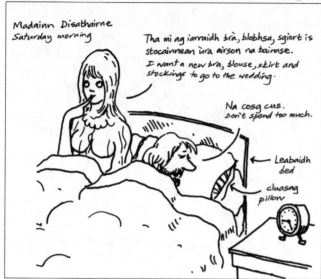

1. *Tha mi ag iarraidh …* – I want
Dè tha thu ag iarraidh? – What do you want?

2. DON'T … NA
Don't run – *na ruith*
Don't drink – *na òl*

He told me (not) to drink the beer –
Thuirt e rium (gun) an leann (a) òl.

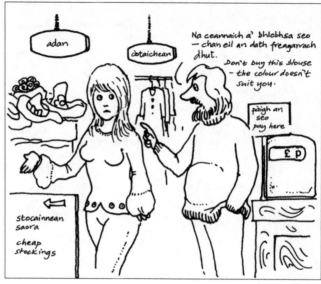

FACLAN

stocainnean – socks, stockings

banais (gen. bainnse) – wedding

fèill-reic – sale

cus – too much

cosg – spend

gluais – move

tìde – time

drabasta – dirty, lewd

iomagain – worry

trafaig – traffic

grànda – nasty

freagarrach – fitting

uabhasach – terrible

saor – cheap

caith – wear
bargan – bargain
fàg – leave
seo – this
càin – a fine
cùirt – a court
siorram – sheriff
seas – stand

CAN AGUS EADAR-THEANGAICH

1. Na bi fada.
2. Na bi a' dol do na bùithtean.
3. Na seall air an telebhisean.
4. Na seasaibh aig an doras.
5. Na bi fo iomagain.
6. Na cosg cus.
7. Na caith seann aodaichean.

Seo agaibh na naidheachdan. Chaidh mèinneadairean guail na dùthcha air stailc an-diugh. *Here is the news …*
The country's coal miners went on strike today.

Bhruidhinn Ministear a' Chosnaidh ris na mèinneadairean. *The Minister for Labour spoke to the miners.*
'Thallaibh air ais a dh'obair,' thuirt e. '*Go back to work*,' he said.
'Teann a-nall 's thoir do làmh'

PAST TENSE

Marked by sèimheachadh (= + h), or by *dh'* before a vowel or *fh-*, on the COMMAND form:

cuir – put   *chuir i* – she put
òl – drink   *dh'òl i* – she drank

SPECIAL FORMS

chaidh (went), thàinig (came), thuirt (said), rug (caught), chuala (heard), rinn (made, did), fhuair (got), chunnaic (saw), thug (gave)

Chaidh taigh ann am Bangor sa Chuimrigh na theine an-diugh.
A house in Bangor, Wales, went on fire today.

Ràinig a' bhuidheann-smàlaidh.
The fire brigade came.

Chaidh an taigh na smàl.
'S e taigh-samhraidh a bha ann.
The house burned to the ground. It was a holiday home.

sluagh an àite
local people

Dh'òl Seonaidh MacCuinn ann an Cill an Uisge deich pinnt air fhichead de leann an-diugh.
Seonaidh MacCuinn in Cill an Uisge drank 30 pints of beer today.

Chruinnich e not do dheagh adhbhair.
He raised £1 towards good causes.

29

REGULAR: bhruidhinn (spoke), loisg (burned), dh'èirich (rose, got up), chaidil (slept), ruith (ran), sheall (looked), chruinnich (collected)

e.g. ruith i/e/an duine/na daoine.

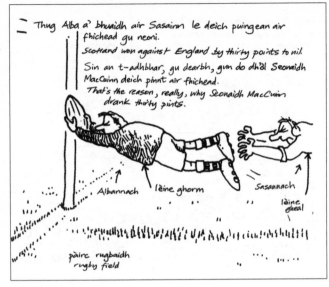

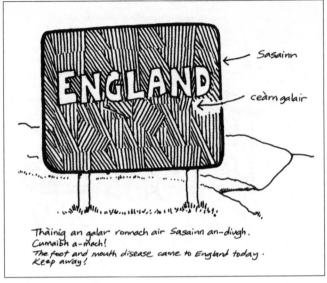

FACLAN

Alba – Scotland
Sasainn – England
A' Chuimrigh – Wales
mèinneadair – miner
dùthaich – country
gual – coal
air stailc – on strike
air ais – back

na theine – on fire
na smàl – burnt down
taigh-samhraidh – holiday home
deagh adhbhar – a good cause
galar – disease
an galar ronnach – foot and mouth disease
companaidh – a company
ro-aithris – forecast
gèam – a match

CAN AGUS EADAR-THEANGAICH

1. Chaidh mèinneadairean air stailc.
2. Chaidh taigh na theine.
3. Thàinig a' bhuidheann-smàlaidh.
4. Bhuidhinn Alba an gèam am-bliadhna (*this year*).
5. Bhuidhinn Sasainn an-uiridh (*last year*).
6. Ruith Seumas don obair.
7. Chaidil an duine gu h-anmoch.

PAST TENSE again!

QUESTIONS use *an do*, negatives use *cha do*, e.g.

an do thòisich e?

thòisich/cha do thòisich

an do dh'òl e?

dh'òl/cha do dh'òl

FACLAN

air fad – entirely
beagan – a little
dhachaigh – homewards
gu lèir – all
fad na slighe – all the way
seo tighinn – next *(week/Monday/month* etc.)

dad – nothing (after negative)
o chionn … – … ago
coma leat – don't worry; it doesn't matter

34

CAN AGUS EADAR-THEANGAICH

1. Thòisich e aig seachd uairean.
2. An deach thu don ghèam an-diugh?
3. Chaidh, chaidh mi don ghèam.
4. Chaidh sinn do na bùithtean sa bhaile-mhòr.
5. An do dh'òl thu an leann gu lèir?
6. Choisich sinn fad na slighe.
7. Bha sinn ann fad an latha.

Leasan a Còig: Sa Chlub (Mar atharrachadh!) (In the Club – for a change!)

36

PAST TENSE – some notes

In certain verbs the dependent form (used for questions, negative statements, and after 'that') is very different, e.g.

POSITIVE	NEGATIVE	QUESTION
chunnaic mi (I saw)	chan fhaca mi	am faca tu?
bha mi (I was)	cha robh mi	an robh thu?
fhuair mi (I got)	cha d' fhuair mi	an d' fhuair thu?

PAST TENSE – some notes

POSITIVE	NEGATIVE	QUESTION
thug mi (I gave)	*cha tug mi*	*an tug thu?*
thàinig mi (I came)	*cha tàinig mi*	*an tàinig thu?*
chuala mi (I heard)	*cha chuala mi*	*an cuala tu?*

NOTE: Some of these verbs do not use the normal 'cha do' and 'an do' for negative and questions in the past tense.

FACLAN

dùbailte – double

gu leòr – enough

ro – before

an dèidh – after

taigh-dhealbh – cinema

film – film

falamh – empty

cuairt – a round

glainne – a glass

CAN AGUS EADAR-THEANGAICH

1. An do cheannaich thu aodach sa bhaile-mhòr?
2. Cha do cheannaich mi dad.
3. An d' fhuair thu gu leòr gu do dhìnnear?
4. Fhuair, ach cha d' fhuair mi mìlsean.
5. Am faca tu am film san taigh-dhealbh?
6. Chan fhaca.
7. An do dh'òl thu an leann gu lèir?
8. Cha do dh'òl, cha do dh'òl mi an leann gu lèir.

Leasan a Sia: Àm na Diathad (Mealtime)

POSSESSIVE ADJECTIVES!?!
– or in other words

1. – my, his, her, our, your, their
   mo (my), do (your, *singular*), a (his): + sèimheachadh,
   e.g. mo mhàthair/m' athair, do mhàthair/d' athair,
   a mhàthair/(a) athair

a (her) prefixes h to vowels: a màthair/a h-athair

ar (our), ur (your, *plural*) prefix n to vowels: ar màthair/
ar n-athair, ur màthair/ur n-athair

an (their) becomes am before words beginning
with b, f, m or p.

2. For most nouns it is more usual to use, rather than these possessive adjectives, the article plus forms of the preposition *aig*, 'at', *e.g.* an taigh agam, 'my house', na leabhraichean aca, 'their books', an càr aig Iain, 'Iain's car'.

3. STRESS

Possessive adjectives are never stressed in Gaelic, unlike English.

your turn – do tharraing
your turn – do tharraing-sa
my son – mo mhac
my son – mo mhac-sa

FACLAN

chan eil fhios agam – I don't know
buntàta – potatoes
feòil – meat
càl – cabbage
currain-gheala – parsnips
sùgh feòla – gravy
deoch – a drink
cab – mouth, gob

uinneanan – onions
iad fhèin – themselves
biadh – food
àite – a place

CAN AGUS EADAR-THEANGAICH

1. Tha ur biadh deiseil – èiribh!
2. Tha am buntàta agam fuar.
3. Tha an càl agam cruaidh.
4. Tha na currain-gheala agam dubh.
5. Tha a dhìnnear a' f às fuar.
6. Tha ar clann nam peasain bheaga.
7. Tha an spàin aice salach.
8. Tha mo dhìnnear air a' bhòrd.

Leasan a Seachd: A' Ceannach Càir (Buying a Car)

1. VOCATIVE CASE

Used to address people. Examples from this and other lessons (note sèimheachadh where possible):

Seumas – a Sheumais!	Mamaidh – a Mhamaidh!
clann – a chlann!	Màiri – a Mhàiri!
Ruairidh – a Ruairidh!	Iain – (a) Iain!

2. STRESS again!

Personal pronouns have a special stressed form:

mi – mise

thu – thusa

e – esan

i – ise

sinn – sinne

sibh – sibhse

iad – iadsan

You can normally stress any part of a sentence by placing it first, preceded by either *'S e,* if you're stressing the subject or the object of the sentence, or *'S ann,* if you're stressing some other part, *e.g.*:

cheannaich Iain càr an-diugh

'S e Iain a cheannaich càr.
'S e càr a cheannaich e.
'S ann an-diugh a cheannaich e e.

FACLAN

carson – why?

garaids – garage

ga reic – for sale

daor – expensive

seic – cheque

lìon – fill

ro – too

fada – long; a lot, far

freagarrach – suitable

gu mì-fhortanach – unfortunately

a' còrdadh rium – pleasing me

às mo chiall – mad (*lit.* 'out of my sense')

tha agam ri – I have to

tha mi airson … – I want to …

CAN AGUS EADAR-THEANGAICH

1. Tha agad ri suidhe sa chàr.
2. Tha an càr seo ga reic air còig notaichean.
3. 'S e càr math a bha sa chàr agam.
4. Cha bu toigh leam am baidhsagal a reic.
5. Bu toigh leam a cheannach.
6. Chan fhaca mi roimhe (*before*) iad.
7. Chòrd e rithe gu mòr.
8. Reic sinn iad uile.

Leasan a h-Ochd: Saor-làithean (Holidays)

THAT – Gu(n), gum (Past: gun do)

Tha fhios agam gu bheil Iain a' tighinn.
I know that Iain is coming.

Chuala mi gun do cheannaich e càr.
I heard that he bought a car.

PAST: gu robh, gun tàinig, gun do dh'òl
FUTURE: gum bi, gun tig
'that he is not': nach eil e

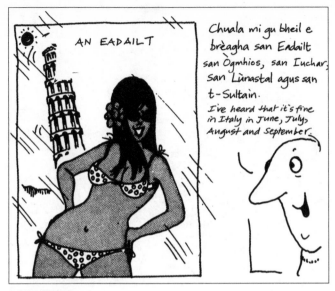

MONTHS

Am Faoilteach – January

An Gearran – February

Am Màrt – March

An Giblean – April

An Cèitean – May

An t-Ògmhios – June

An t-Iuchar – July

An Lùnastal – August

An t-Sultain – September

An Dàmhair – October

An t-Samhain – November

An Dùbhlachd – December

DAYS OF THE WEEK

Didòmhnaich *no* Latha na Sàbaid, Diluain, Dimàirt, Diciadain, Diardaoin, Dihaoine, Disathairne

FACLAN

air saor-làithean – on holiday
am-bliadhna – this year
àirneis – furniture
mol – recommend; praise
moladh – recommendation, suggestion
An Eilbheis – Switzerland

An Eadailt – Italy
taigh-òsta – hotel
saoilidh mi – I think
tha mi (a') smaoineachadh – I think
an ath-bhliadhna – next year

Tha e ag ràdh gu bheil e blàth gu leòr airson snàmh aig meadhan-oidhche.
It says it's warm enough to swim at midnight.

Greis an dèidh sin ...
Some time later ...

Na bi fo iomagain — 's e mo mholadh-sa a dhol don Òban a dh'fhaicinn mo mhàthar san t-samhradh.
Don't worry — I suggest we go to Oban to see my mother in the summer.

O, mo chreach!
Oh, dear!

CAN AGUS EADAR-THEANGAICH

1. Tha mi smaoineachadh gu bheil airgead gu leòr agad.
2. Chuala e gu bheil sinn a' dèanamh imrich.
3. Tha mi cinnteach gu bheil e brèagha san Eadailt.
4. Tha i a' moladh dhuinn àirneis (a) fhaighinn.
5. Tha e ag ràdh gu bheil an taigh-òsta math.
6. Tha mi cinnteach gun còrd an Eilbheis rium.
7. Leugh i gum bi a' ghrian ann am Malta fad an latha.
8. Bha sinn a' smaoineachadh gu robh Valencia teth.

Leasan a Naoi: A' Cluich Goilf (Playing Golf)

NUMBERS

1st – a' chiad + sèimheachadh

2nd – an dara

3rd – an trìtheamh

4th – an ceathramh

5th – an còigeamh

6th – an siathamh

7th – an seachdamh

8th – an t-ochdamh

9th – an naoidheamh

10th – an deicheamh

54

FACLAN

doirbh – difficult
iarann – iron
àireamh – number
gun dàil – very soon, without delay
rudeigin – something
air chùlaibh – behind

a h-uile rud – everything
dh'fhaodte – perhaps
mu dheireadh thall – at long last
am pathadh – thirst
luath – quick
tugainn – come on, let's go

CAN AGUS EADAR-THEANGAICH

1. Tha mi smaoineachadh gum bi e fliuch.
2. Tha e smaoineachadh gum buidhinn e.
3. Tha sinn an dòchas (*we hope*) gum buidhinn sinn.
4. Tha iad a' smaoineachadh gun caill mi.
5. Tha mi cinnteach gun tig i.
6. Dh'fhaodte gun tig iad a-nochd.
7. Saoilidh mi gu bheil am bàlla sa ghainmhich.
8. Chuala mi gum bi e a' falbh (*going away*) gun dàil.

Leasan a Deich: A' Streap (Mountaineering)

NOTE:–

THAT (in the past tense) = gun do (+ sèimheachadh)

Tha mi smaoineachadh gum faca mi am mullach—sna neòil.

I think I saw the summit — in the clouds.

Tha mi cinnteach gun do choisich mise is tusa deich mìle. Tha na brògan trom.

I'm sure that you and I have walked ten miles. The boots are heavy.

FACLAN

paisg – pack
uidheam – equipment, kit
an-uiridh – last year
fortanach – lucky
mullach – summit
cuideachd – also, too

uisge – rain, water
coinneamh mullaich – summit meeting
ceò – mist, fog
mallachd – a curse
mìle – a thousand; a mile
tìde – time

CAN AGUS EADAR-THEANGAICH

1. Tha mi smaoineachadh gun do thòisich an t-uisge.
2. The mi cinnteach gu robh sinn an seo roimhe.
3. Tha mi cinnteach gun do choisich sinn glè fhada.
4. Tha mi smaoineachadh gun do phaisg e a h-uile rud.
5. Tha mi smaoineachadh gu bheil mi a' faicinn a' mhullaich.
6. Tha mi an dòchas gun do chuimhnich thu air (*remembered*) an leann.
7. Bha e smaoineachadh gum faca sinn an sin e.
8. Chan eil mi smaoineachadh gun do choisich sinn còig mìle.

Leasan a h-Aon deug: Bùth nam Preusant (Gift Shop)

PHRASES TO NOTE

Tha x agam – I have x

Tha agam ri … – I have to

B' fheàrr dhomh … – I'd better … neg. *cha b' fheàrr …*

B' fheàrr leam … – I'd prefer … question *am b' fheàrr?*

Bu chòir dhomh … – I ought … neg. *cha bu chòir …* question *am bu chòir?*

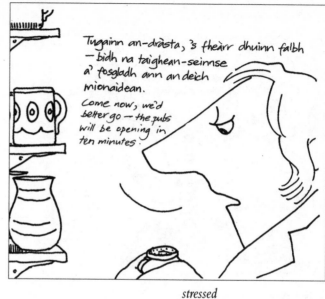

stressed

Tha (a) thìde agam ... – it's time for me to ...

They change according to person as follows (see also p.89):

mi	orm	agam	dhomh	leam	leamsa	dhòmhsa
thu	ort	agad	dhut	leat	leatsa	dhutsa
e	air	aige	dha	leis	leis-san	dhàsan
i	oirre	aice	dhi	leatha	leathase	dhìse
sinn	oirnn	againn	dhuinn	leinn	leinne	dhuinne
sibh	oirbh	agaibh	dhuibh	leibh	leibhse	dhuibhse
iad	orra	aca	dhaibh	leotha	leothasan	dhaibhsan

FACLAN

ceàird – craft

clò – tweed

crèadhadaireachd – pottery

faod – be allowed, can

obair – work; a job

preusant – a present, gift

tìde – time

fiodh – wood

sglèat – slate

fantainn – to stay, remain

boltrach – perfume

leabhraichean Gàidhlig – Gaelic books

(a) thìde – (due, proper) time (*to do something*)

CAN AGUS EADAR-THEANGAICH

1. Tha agam ri dol don bhùth seo.
2. Bha againn ri rudeigin a cheannach do Mhamaidh.
3. B' fheàrr dhuinn sealltainn air a' chrèadhadaireachd.
4. Tha a thìde agad obair ùr fhaighinn.
5. Bha a thìde againn àirneis ùr fhaighinn.
6. B' fheàrr dha preusant a cheannach.
7. A bheil a thìde againn a dhol dhachaigh?
8. Am b' fheàrr dhuinn fantainn an seo?

Leasan a Dhà-dheug: Am Margadh (The Market)

BEFORE and AFTER

with a verb: MUS: mus falbh thu, before you go away

with a noun: RO: ro shia uairean, before six o'clock

personal forms: romham, before me, romhad, before you, roimhe, before him, before it, previously

an dèidh, after: an dèidh sin, after that; an dèidh dhomh falbh, after I go

personal forms: nam dhèidh, after me, nad dhèidh, after you, na dhèidh, after him, after it; na dèidh, after her

A-nise, am bi sinn a' dol dhachaigh mus òl mi pinnt no an dèidh dhomh pinnt òl?
Now then, will we go home before I have a pint or after I have a pint?

Mus can thu tuilleadh, bu toigh leam feòil a cheannach.
Before you say more, I want to buy some meat.

FACLAN

suibheagan-làir – strawberries
mairtfheoil – beef
cearc – chicken; a hen
iasg – fish
cosg – spend
uainfheoil – lamb

sgadan – herring
bradan – salmon
falbh – going away, leaving
coltas – appearance

CAN AGUS EADAR-THEANGAICH

1. Tha mi a' falbh mus dùin a' bhùth.
2. Am bi sinn a' dol dhachaigh mus faigh sinn an dìnnear?
3. Bha e an seo mus tàinig thu.
4. Bidh sinn a' falbh an dèidh dhaibhsan falbh.
5. Thig mi an dèidh ochd uairean.
6. Thig an seo mus crìochnaich sinn, ma-thà.
7. Bidh i a' ceannach bìdh mus tig i an seo.
8. Am faigh thu do dhìnnear a h-uile là an dèidh dhut tighinn dhachaigh?

THE VERB 'IS' (TO BE)

1. Gaelic has another verb 'to be' besides 'tha': 'is' (pronounced 'iss', but mostly reduced in speech to 's').

This gives us the nearest that Gaelic gets to a word for 'Yes': 's eadh, 'that is so', usually written 'seadh'.

2. *Is* may be used by itself with adjectives:

Is math sin, 'that is good'
Is toigh leam, 'I like'
'S fheàrr leam, 'I prefer'

3. As we saw in Lesson 7, *is* may be used to emphasise parts of a sentence:

'S e John Wayne a tha air an telebhisean.
'S ann air an telebhisean a tha John bochd.

4. The negative forms of these are *chan e* and *chan ann*, the question forms are *an e?* and *an ann?*

5. Past tense/conditional of 'is' is 'bu' (shortened to b' before vowels and *fh-*), negative 'cha bu', question form 'am bu?'

Am b' fheàrr leat a dhol a-mach? B' fheàrr/Cha b' fheàrr. *Would you prefer to go out? Yes/No.*

FACLAN

prògram – programme
deagh – good
a ghràidh! – my love!
actair – actor
roghainn – a choice
seòrsa – kind, sort

ann – there, on (what's on?)
smaoin – thought, idea
tòrr – a lot
mòran – much, a lot
cuir dheth – turn off,
    switch off

CAN AGUS EADAR-THEANGAICH

1. Dè am prògram a bhios air an telebhisean a-nochd?
2. Dè an seòrsa film a tha air san taigh-dhealbh?
3. Dè bhios air an rèidio aig ochd uairean?
4. Cò na h-actairean san fhilm?
5. 'S e dràma Ghàidhlig a bhios air aig sia uairean, nach e?
6. Chan e, drama Bheurla, gun teagamh.
7. Cuin a bhios na naidheachdan ann?
8. Aig deich uairean.

WHO, WHICH, THAT – A + sèimheachadh

e.g. I saw the woman *who* went away – Chunnaic mi am boireannach *a* dh'fhalbh.

The boy *who* was ill – Am balach *a* bha tinn.

This is the book *that* I saw – Seo an leabhar *a* chunnaic mi.

The woman *who* is/was/will be – Am boireannach *a* tha/bha/bhios …

She saw the work *which* I did – Chunnaic i an obair *a* rinn mi.

Seo mapa a' sealltainn Linn na Deighe ann an Albainn.
Seo ainmhidh a bha beò ann an Linn na Deighe.

This is a map that shows the Ice Age in Scotland.
This is an animal that lived in the Ice Age.

San dealbh tha boireannach
a tha a' caitheamh aodaich
o chraiceann ainmhidh ann
an Linn an Iarainn.

In the picture there is a
woman who is wearing
clothes of animal skin in
the Iron Age.

FACLAN

geàrr – cut

ghearradh – used to cut

linn – an age

deigh – ice

mapa – a map

fear-coimhid – keeper

caitheamh – wearing, using

atharraich – change

buinn airgid – coins

sealltainn – showing

crois – a cross

bàrr – a top

beinn – mountain

clach – stone

craiceann – skin

achadh – a field

cleachd – make use of

> Seo a' chrom-leac a chunnaic sinn ann an achadh an tuathanais.
>
> This is the cromlech that we saw in the field at the farm.

chrom-leac.

> 'S mi gun phinnt!
>
> Oh, for a pint!
>
> Buinn airgid a chleachd na Ròmanaich o chionn dà mhìle bliadhna.
>
> Coins that the Romans used two thousand years ago.

CAN AGUS EADAR-THEANGAICH

1. Seo an tuathanas a tha san leabhar.
2. Seo mapa a' sealltainn an taigh-òsta.
3. Tha mi a' faicinn an duine a bha an seo an-dè.
4. Càit a bheil an càr a chunnaic mi a-raoir (*last night*)?
5. An aithnich thu (*do you know*) am boireannach a dh'fhalbh?
6. Seo an cafaidh a nì biadh math.
7. Càit a bheil a' bheinn a tha air a' mhapa?
8. Càit a bheil an t-airgead a bha air a' bhòrd?

Leasan a Còig-deug: A' Campachadh (Camping)

'Seo sinn an dèidh an campa a ruigsinn.'
'Here we are (after having) arrived at the camp.'

'Tha e nas fheàrr na a bhith a' fuireach ann an taigh-òsta.'
'It's better than staying in a hotel.'

'Bha e na b' fheàrr na a bhith am meadhan a' bhaile.'
'It was better than being in the middle of town.'
'Bha an teanta againn na bu lugha na an fheadhainn eile.'
'Our tent was smaller than the others.'

COMPARING

as … as – *cho … ri*

more … than – *nas … na*

(in past tense: *na bu … na*)

most – *as …* (in past tense: *a bu …*)

e.g.

Iain is as strong as Seumas – *Tha Iain cho làidir ri Seumas.*

Dòmhnall is stronger than they – *Tha Dòmhnall nas làidire na iadsan.*

Raghnall is the strongest – *Is e Raghnall as làidire.*

Raghnall was the strongest – *B' e Raghnall a bu làidire.*

'B' e an teanta againne a bu lugha!'
'Our tent was the smallest!'
'Ged nach robh i mòr, rinn i a' chùis.'
'Although it was not big, it was enough.'

'Cha robh an dara taobh cho mòr ris an taobh eile.'
'One side was not as big as the other.'
'Agus bha an dara pòla na bu mhotha na am fear eile.'
'And one pole was bigger than the other.'

IRREGULARS

good	math	nas fheàrr, na b' fheàrr; as fheàrr, a b' fheàrr
bad	dona	nas miosa, na bu mhiosa; as miosa, a bu mhiosa
small	beag	nas lugha *etc.*
big	mòr	nas motha *etc.*
hot	teth	nas teotha *etc.*

FACLAN

meadhan – middle

teanta – tent

pòla – pole

teud – a rope

sealladh – a view

a tuath – in the north

fantainn – staying

teanta a chur suas – to put up a tent

ruig – reach

ged – although

teanga – tongue

dùthaich – country; countryside

feadhainn – ones, some

ri taobh – beside

'Mu dheireadh thall — bha e na bu doirbhe an teanta a chur suas na na biorramaidean a chur suas.'

'At 'last — putting up the tent was more difficult than putting up the 'pyramids.'

'Agus b' e an taigh-seinnse ri taobh a' champa am fear a b' fheàrr san dùthaich.'

'And the pub by the camp was the best one in the country.'

CAN AGUS EADAR-THEANGAICH

1. Is fheàrr campachadh na fantainn aig an taigh.
2. Bha an teanta againne na bu lugha na an fheadhainn eile.
3. Bha an dùthaich na bu bhòidhche na am baile-mòr.
4. Tha an aimsir nas tiorma san t-samhradh.
5. B' e an càr agadsa a b' fheàrr.
6. Bha a' mhuir cho gorm ris an adhar.
7. Bha an campa na bu mhotha na deich mìle air falbh uainn.
8. Bha an teanta cho blàth (warm) ri taigh-sneachda.

1. WHEN SOMETHING IS BEING DONE TO YOU

(a) by using special forms, ending in *-(e)ar* in the present tense, *-(e)adh* in the past: *e.g.* theirear gu bheil iad uile marbh, "it is said that they are all dead"; rugadh mi ann an Glaschu, "I was born in Glasgow".

(b) more commonly by the use of forms of the verb *rach*, "go", with a verbal noun: *e.g.* thèid an uinneag a bhriseadh, "the window will be broken"; chaidh a mharbhadh an-uiridh, "he was killed last year"; cha deach an obair a dhèanamh, "the work was not done".

(c) forms using the preposition aig, "at", followed by the verbal noun: these include gam (at my), gad (at your), ga (at his, her, its), gar (at our), gan (at their); e.g. bha sinn gar bualadh, "we were being hit"; cha robh an leann ga reic, "the beer was not being sold".

2. IF

When probable – MA + sèimheachadh
When improbable – NAN
Unless, if not – MURA or MUR

e.g.
If you give me beer, I'll drink it –
Ma bheir thu leann dhomh, òlaidh mi e.

If I had a bank, I'd buy a pub –
Nam biodh banca agam, cheannaichinn taight-seinnse.

If you don't drink it, I will –
Mura h-òl thu e, òlaidh mise e.

FACLAN

fuarachadh – cooling
lìonadh – filling
fhathast – yet
inneal – machine
stad – stopping
tuiteam – falling

blasta – tasty
pògadh – kissing
gabh – take

CAN AGUS EADAR-THEANGAICH

1. Chaidh an doras a pheantadh gu math.
2. Chaidh am biadh gu lèir ithe.
3. Cha deach an leann òl.
4. Chan fhacas (*seen*) e.
5. Tha i ga pògadh.
6. Bha iad gan lìonadh leis a' bhiadh.
7. Bidh sinn gar toirt an seo sa chàr.
8. Cha deach a phàigheadh airson na h-obrach.

Gràmar (Grammar)

In this book all the grammar you need is given along with the individual lessons. Those especially interested in grammar are referred to the pages which follow.

INDEX TO LESSONS

Table 1: Regular Verbs

Imperative	Present / Future	Past	Conditional	Verbal noun
TOG 'lift'	Togaidh	Thog	Thogainn Thogadh e	Togail
BRIS 'break'	Brisidh	Bhris	Bhrisinn Bhriseadh e	Briseadh
CEANNAICH 'buy'	Ceannaichidh	Cheannaich	Cheannaichinn Cheannaicheadh e	Ceannach
ÒL 'drink'	Òlaidh	Dh'òl	Dh'òlainn Dh'òladh e	Òl
FÀG 'leave'	Fàgaidh	D'fhàg Dh'fhàg	Dh'fhàgainn Dh'fhàgadh e	Fàgail

NOTE: for the present participle (–ing) use *a'* before verbal nouns beginning with consonants, *ag* before verbal nouns beginning with vowels, e.g.

tha sinn a' ceannach bìdh, we are buying food

tha sinn ag ithe bìdh, we are eating food

EXCEPTION (there are always exceptions!): ag ràdh, 'saying'

Table 2: Irregular Verbs

Imperative	Present / Future	Past	Conditional	Verbal noun
BI	Bidh/Bithidh am bi? cha bhi Tha a bheil? chan eil	Bha an robh? cha robh	Bhithinn Bhiodh e Bhitheadh e cha bhithinn cha bhiodh e	Bhith
BEIR 'catch'	Beiridh cha bheir	Rug	Bheirinn Bheireadh e cha toirinn cha toireadh e	Breith
CAN 'say'	Canaidh/Their cha chan	Thuirt cha tuirt	Chanainn Chanadh e cha chanainn cha chanadh e	Ràdh Cantainn
CLUINN 'hear'	Cluinnidh cha chluinn	Chuala cha chuala	Chluinninn Chluinneadh e cha chluinninn cha chluinneadh e	Cluinntinn
DÈAN 'make', 'do'	Nì cha dèan	Rinn	Dhèanainn Dhèanadh e cha dèanainn cha dèanadh e	Dèanamh

Imperative	Present / Future	Past	Conditional	Verbal noun
FAIC 'see'	Chì chan fhaic	Chunnaic chan fhaca	Chithinn Chitheadh e chan fhaicinn chan fhaiceadh e	Faicinn
FAIGH 'get'	Gheibh chan fhaigh	Fhuair cha d' fhuair	Gheibhinn Gheibheadh e chan fhaighinn chan fhaigheadh e	Faighinn
THEID 'go'	Thèid cha tèid	Chaidh cha deach	Dheighinn Dheigheadh e cha deighinn cha deigheadh e	Dol
THIG 'come'	Thig cha tig	Thàinig cha tàinig	Thiginn Thigeadh e cha tiginn cha tigeadh e	Tighinn
THOIR 'give'	Bheir cha toir	Thug cha tug	Bheirinn Bheireadh e cha toirinn cha toireadh e	Toirt

Impersonal Forms

Impersonal forms, which may be used as passives, occur occasionally. Verbs like "to be" clearly cannot be passives, so in Gaelic they occur with meanings like "people are".

The present ending is -(e)ar, the past ending is -(e)adh or -(e)as, the conditional (imperfect) ending is t(h)e. The following occur fairly often:

theirear "it is said"
ris an canar "who is called"
ris an cante "who used to be called"
thathar (also thathas) "people are"
bithear "people will be/are"
bhathas "people were"
fhuaradh, fhuaras e "he was found"
chunnacas "it was seen"
chualas "it was heard"
thàinigeas "people came"
rinneadh e "it was done"
rugadh agus thogadh mi ... "I was born and brought up ..."

Prepositional Pronouns

	mi	thu	e	i	sinn	sibh	iad
à	asam	asad	às	aiste	asainn	asaibh	asta
aig	agam	agad	aige	aice	againn	agaibh	aca
air	orm	ort	air	oirre	oirnn	oirbh	orra
an	annam	annad	ann	innte	annainn	annaibh	annta
de	dhìom	dhìot	dheth	dhith	dhinn	dhibh	dhiubh
do	dhomh	dhut	dha	dhi	dhuinn	dhuibh	dhaibh
eadar	—	—	—	—	eadarainn	eadaraibh	eatarra
fo	fodham	fodhad	fodha	fòidhpe	fodhainn	fodhaibh	fòdhpa
gu	thugam	thugad	thuige	thuice	thugainn	thugaibh	thuca
le	leam	leat	leis	leatha	leinn	leibh	leotha
mu	umam	umad	uime	uimpe	umainn	umaibh	umpa
o (bho)	uam	uat	uaithe	uaipe	uainn	uaibh	uapa
ri	rium	riut	ris	rithe	rinn	ribh	riutha
ro	romham	romhad	roimhe	roimhpe	romhainn	romhaibh	romhpa
thar	tharam	tharad	thairis	thairte	tharainn	tharaibh	tharta
tro	tromham	tromhad	troimhe	troimhpe	tromhainn	tromhaibh	tromhpa

Nouns and Adjectives

1. Before feminine nouns the definite article, "the", in the nominative case is often a', but when the noun begins with a vowel, t, d, l, n or r the article is an. If the feminine noun begins with s, the article (an) puts a t- before the s.

aimsir	an aimsir	'the weather'
bean	a' bhean	'the wife'
caileag	a' chaileag	'the girl'
deoch	an deoch	'the drink'
feòil	an fheòil	'the meat'
gaoth	a' ghaoth	'the wind'
làmh	an làmh	'the hand'
màthair	a' mhàthair	'the mother'
nighean	an nighean	'the daughter'
oidhche	an oidhche	'the night'
piuthar	a' phiuthar	'the sister'
rionnag	an rionnag	'the star'
sùil	an t-sùil	'the eye'
tràigh	an tràigh	'the beach'
uinneag	an uinneag	'the window'

2. When adjectives, such as mòr, beag, math, follow feminine nouns, notice how they change:

a' *ch*aileag *bh*rèagha
oidhche *mh*ath

Adverbs

In English you usually add '-ly' to the adjective, e.g. quick, quickly. In Gaelic we put 'gu' before the adjective - math, gu math, 'well'; dearbh, gu dearbh, 'definitely'.

Freagairtean agus Eadar-theangachaidhean

(Answers & Translations - use them 'in reverse' as well for practice.)

ATH-SGRUDADH (REVISION)

Dealbh 1

Còmhradh 1

Is the train in the station? Yes, it is on platform one. When will the train be going, love? It will be going at half past three. Where is your husband? He is on the train.

Còmhradh 2

Good morning. Have you got 'The Little Paper'? We don't have a copy, but we have *The Sun*. Very good. How much does *The Sun* cost? Sixty pence, please. The girl has big breasts! Hà Hà! Here is a pound. Thanks. Forty pence change. Goodbye!

Còmhradh 3

Porter! Does this train go to Inverness? No. It goes through Stirling. Is there any train in the station which goes to Inverness? Yes. There's one approaching platform three now, but it goes at a quarter to eleven tomorrow morning. Dammit! Thank you, porter.

Suggested Answers

1. Tha e trì uairean. 2. Tha. Tha trèana aig àrd-ùrlar a h-aon. 3. Tha. Tha duine a' ceannach *A' Ghrian*. 4. Tha. Tha e glè ghlan. 5. Tha. Tha am portair ag obair. 6. Bidh an trèana a' dol do Chaol Loch Aillse aig cairteal gu meadhan-latha. 7. Bidh an trèana air àrd-ùrlar a h-aon ann am Peairt. 8. Tha bùth nam pàipearan san stèisean.

Dealbh 2

Còmhradh 1

Are you getting up, Iain? Yes. I'm washing myself. You are late. We are going at nine, you know. I don't care. I haven't shaved yet. Is breakfast ready? Yes, it's on the table.

Còmhradh 2

Seònaid! Are you coming to breakfast? Yes. I'm dressing myself now. Where's my skirt, mum? It's in the press. Have you got pants? Yes, and a bra. Is there an egg for breakfast? Yes, a boiled egg.

Còmhradh 3

Dòmhnall, what do you want for breakfast? I want an egg, toast and jam. Do you want a cup of tea? No. I would rather drink milk. Oh, Lord! The toast is burning. Oh, my goodness! The dog's eating the bread, Mairead is in the bath and we are not ready to go.

1. Tha. Tha mi ag èirigh an-dràsta. 2. Tha. Tha mi ag ithe bracaist. 3. Bithidh. Bidh mi a' gabhail bainne san tì. 4. Cha bhi. Cha bhi mi ga mo nighe fhìn ro mo bhracaist. 5. Tha. Tha mi a' dèanamh tost. 6. Tha Mairead san amar-ionnlaid. 7. Tha Seonaid ga sgeadachadh fhèin. 8. Chan eil. Chan eil iad deis airson falbh.

Dealbh 3

Còmhradh 1

It's hot (*or* She's hot). Yes. She has fine big breasts. No, you fool! The weather is hot. Oh, it is indeed, very hot. Do you want an ice cream? I want four of them. How much are they? Sixpence each. That's twenty-four pence. Thank you.

Còmhradh 2

The castle's big. Yes. I like to build sandcastles. Do you often swim? No, but I sail. Is Seumas buying ice creams? Yes. He's getting four of them.

Còmhradh 3

Are you dressed? Yes. I have a bikini on. Do you see the man with the sandcastle? Yes. He's not looking at us. He is a big strong man.

Suggested Answers

1. Bithidh. Bidh mi tric a' sealltainn air caileagan air an tràigh.

2. Bithidh. Bidh mi a' snàmh sa mhuir. 3. Bithidh. Bidh an duine a' ceannach reòiteig an-diugh. 4. Cha bhi. 5. Tha. Tha an aimsir teth. 6. Tha an duine a' snàmh sa mhuir. 7. Tha. Tha na caileagan bòidheach. 8. Chan eil. Chan eil iad a' fuireach san taigh-òsta.

Dealbh 4

Còmhradh 1

Was the car working? No, it wasn't. The brakes were broken. Was the gear working? Yes, thank goodness. Were you working on the car in the morning? Yes. I was working very hard.

Còmhradh 2

Is the car ready? No, it will not be ready today. Will it be ready tomorrow? Yes. Will you be coming here tomorrow? Yes, I will be here at nine o'clock.

Còmhradh 3

I would like to pay, please. Thank you. Here is the bill. Lord! It is very expensive. Thirty pounds. Will you take a cheque? Have you got a bank card? No, I'm sorry. It doesn't matter. The car will go well now.

Suggested Answers

1. Cha robh. 2. Bha. Bha mi ag obair gu cruaidh sa mhadainn. 3. Cha robh. Cha robh mi ag obair an-dè. 4. Bha. Bha an cunntas uabhasach daor. 5. Bithidh. Bidh an càr deis

a-màireach. 6. Bithidh. Bidh mi a' dol a dh'obair a-màireach. 7. Cha bhi. Cha bhi mi a' dol a chadal a-nochd. 8. Chan eil. Chan eil cairt-banca agam idir.

Leasan a h-Aon (duilleag/page 20)

1. Run, we are late. 2. Drive slowly. 3. Open the door. 4. Come in. 5. Take off your coat. 6. Go before me. 7. Sit at the table. 8. Eat all your food. 9. Bring over the paper.

Leasan a Dhà (d.24)

1. Don't be long. 2. Don't go to the shops. 3. Don't watch television. 4. Don't stand at the door. 5. Don't worry. 6. Don't spend too much. 7. Don't wear old clothes.

Leasan a Trì (d.28)

1. Miners went on strike. 2. A house went on fire. 3. The fire brigade came. 4. Scotland won the game this year. 5. England won last year. 6. Seumas ran to work. 7. The man slept late.

Leasan a Ceithir (d.32)

1. He started at seven o'clock. 2. Did you go to the game today? 3. Yes, I went to the game. 4. We went to the shops in the town. 5. Did you drink all the beer? 6. We walked all the way. 7. We were there all day.

Leasan a Còig (d.36)

1. Did you buy clothes in the town? 2. I didn't buy anything.

3. Did you get enough for dinner? 4. Yes, but I didn't get a pudding. 5. Did you see the film in the cinema? 6. No, I didn't. 7. Did you drink all the beer? 8. No, I didn't drink all the beer.

Leasan a Sia (d.40)

1. Your food is ready - get up! 2. My potatoes are cold. 3. My cabbage is hard. 4. My parsnips are black. 5. His dinner is getting cold. 6. Our children are little brats. 7. Her spoon is dirty. 8. My dinner is on the table.

Leasan a Seachd (d.44)

1. You have to sit in the car. 2. This car is for sale for five pounds. 3. My car was a good car. 4. I wouldn't like to sell the bicycle. 5. I would like to buy it. 6. I haven't seen them before. 7. She liked it a lot. 8. We sold them all.

Leasan a h-Ochd (d.48)

1. I think you have enough money. 2. He heard that we are moving. 3. I'm sure it is fine in Italy. 4. She suggests that we get furniture. 5. He says the hotel is good. 6. I'm sure I will like Switzerland. 7. She has read that there is sun in Malta all day. 8. We thought that Valencia was hot.

Leasan a Naoi (d.52)

1. I think it will be wet. 2. He thinks he will win. 3. We hope we will win. 4. They think I will lose. 5. I am sure that she will come. 6. Perhaps they might come tonight.

7. I think the ball is in the sand. 8. I heard that he will be going away at once.

Leasan a Deich (d.56)

1. I think the rain has started. 2. I'm sure that we've been here before. 3. I'm sure that we've walked very far. 4. I think he has packed everything. 5. I think I can see the summit. 6. I hope you've remembered the beer. 7. He thought that we saw him there. 8. I don't think we've walked five miles.

Leasan a h-Aon-deug (d.60)

1. I have to go to this shop. 2. We had to buy something for Mum. 3. We'd better look at the pottery. 4 It's time for you to get a new job. 5. It was time for us to get new furniture. 6. It would be better for him to buy a present. 7. Is it time for us to go home? 8. Had we better stay here?

Leasan a Dhà-dheug (d.64)

1. I am going before the shop closes. 2. Are we going home before we get dinner? 3. He was here before you came. 4. We'll go after they go. 5. I'll come after eight o'clock. 6. Come here before we finish, then. 7. She buys food before she comes here. 8. Do you get dinner every day after arriving home?

Leasan a Trì-deug (d.68)

1. What programme will be on television tonight? 2. What kind of film is on in the cinema? 3. What will be on the radio at eight o'clock? 4. Who are the actors in the film? 5. It's a Gaelic play that's on at six o'clock, isn't it? 6. No, an English play, you may be sure. 7. When will the news be on? 8. At ten o'clock.

Leasan a Ceithir-deug (d.72)

1. This is the farm that's in the book. 2. Here is a map showing the hotel. 3. I see the man who was here yesterday. 4. Where is the car I saw last night? 5. Do you know the woman who has left? 6. This is the café that makes good food. 7. Where is the mountain that's on the map? 8. Where's the money that was on the table?

Leasan a Còig-deug (d.76)

1. Camping is better than staying at home. 2. Our tent was smaller than the other ones. 3. The country was more beautiful than the town. 4. The weather is drier in summer. 5. Your car was the best. 6. The sea was as blue as the sky. 7. The camp was more than ten miles from us. 8. The tent was as warm as an igloo.

Leasan a Sia-deug (d.80)

1. The door has been painted well. 2. The food has all been eaten. 3. The beer hasn't been drunk. 4. He hasn't been seen. 5. She is being kissed. 6. They were being filled by the food. 7. We are brought here in the car. 8. He has not been paid for the work.

Faclair Gàidhlig-Beurla

This contains all the words in *Gaelic is Fun!* and 500 new ones.

ABBREVIATIONS
b.–boireann (*feminine*); any noun without 'b' is masculine.
pl.–plural: plural of nouns is put in brackets, e.g. aghaidh (pl.–ean) – face: faces – aghaidhean.

A
a – used to address someone
 a Sheumais – Seumas
a – who, which, that
a – her (prefixes h to vowels)
 a h-athair – her father
a – his (+ sèimheachadh)
 a chòta – his coat
a' – form of an, 'the'

a' – form of aig, 'at', prefixed to verbal nouns (-ing)
a' seinn – singing
à – out of
abhainn (b.–aibhnichean) – river
a bheil thu? – are you?
acair – an anchor
ach – but, except
 chan eil ach fichead not san t-seic – the cheque is only for twenty pounds
achadh – a field
acras – hunger
 tha an t-acras orm – I am hungry
actair – actor
ad (b.) – hat
adhar – sky
adhbhar – cause
 deagh adhbhar – a good cause
ag – form of aig, 'at', prefixed to verbal nouns (-ing)
ag òl – drinking
aghaidh (b.) – a face

air aghaidh – forward
an aghaidh – against
agus – and
a h-uile – every, all
aig – at
 tha X agam – I have X
aimsir (b.) – weather
ainm – a name
ainmear – noun
ainmhidh – an animal
air – on
 air beulaibh – in front of
 air chùlaibh – behind
aire (b.) – attention
 thoir an aire ort fhèin – watch yourself
àireamh – a number
airgead – money
àirneis (b.) – furniture
airson – for
 air mo shon – for me
àite – a place
aithne – recognition
aithnich – recognise, know (*a person*)
àlainn – beautiful

Alba (b.) – Scotland
am – form of an, 'the'
am – form of an, 'their'
àm – time
a-mach – out(wards)
amadan – a fool
a-màireach – tomorrow
amar-ionnlaid – bath-tub
amhach (b.–amhaichean) – neck
a-mhàin – only
 esan a-mhàin – he alone
a-muigh – outside
an, ann an – in
 ann am mionaid – in a minute
an (*pl.* na) – the
an – their
a-nall – from yonder
 a-null is a-nall – backwards and forwards
ana-mhòr – huge
an-còmhnaidh – always
an-dè – yesterday
an dèidh – after
an-diugh – today

an-dràsta – just now
an iar – from the west
a-nise – now
anmoch – late
ann – in it, in him, there
   's e duine mòr a tha ann –
   he is a big man
   an ann a-nochd a thig thu?
   – is it tonight you'll come?
   ann an – in
   ann – in him; there
   tha mi nam thidsear – I am
   a teacher
annlan – sauce
a-nochd – tonight
an seo – here
antaidh (b.) – aunt
an-uiridh – last year
aodach – clothes, clothing
aois (b.–ean) – age
aon – one
   a h-aon deug – eleven
   an t-aon rud – the same
   thing
aontaich – agree
aotrom – light

ar – our
   Ar n-Athair – Our Father
aran – bread
a-raoir – last night
àrd – high, tall
àrd-ùrlar – platform
a-riamh – ever, never
a-rithist – again
arsa – said, says
   arsa esan – says he
às – out (form of à)
asal – ass, donkey
a-staigh – in, inside
a-steach – in(wards)
ath – next
athair (pl. athraichean) – father
atharraich – change
   atharrachadh – a change,
   changing

B

bacach – lame
baga – bag
baidhsagal – bicycle
baile (pl. bailtean) (mòr) –
town

bainne – milk
balach – boy
balgair – beastly person
balla (pl. ballachan) – wall
ball (pl. buill) – a ball
   ball-coise – football
banais (b.–bainnsean) –
   a wedding
banana – banana
banca – bank
bàr – bar
baraille – a barrel
bàrd – poet
bargan – bargain
bàrr – top
bàta – boat
beachd – opinion
   dè do bheachd? – what do
   you think?
beag – small
   nas lugha – smaller
beagan – a little
bean (b.–mnathan) – wife,
   woman
   bean an taighe – the
   woman of the house,

   landlady
bearradh – shaving
beartach – rich, wealthy
beatha – life
beinn (b.–beanntan) –
   mountain
beir – catch, give birth to
   beir air – catch it
beul – mouth
   air beulaibh – in front of
Beurla – English (language)
bi – be (see tha)
biadh – food
bikini – bikini
biorramaid – pyramid
bith: sam bith – any, at all
   duine sam bith – anyone
blas – taste
blasta – tasty
blàth – warm
bliadhna (b.–chan) – year
   am-bliadhna – this year
blobhsa (b.) – blouse
bò (b.–bà) – a cow
bobhla – a bowl
bochd – poor

bodach – old fellow
bodach-ruadh – a cod
bog – soft
bòidheach – beautiful
   nas bòidhche – more
   beautiful
boireannach – woman
boltaigeadh – wall-papering
boltrach – perfume
bonn – a coin
bòrd (pl. bùird) – a table
botal – bottle
bòtann – a boot
bothan – hut
brà – bra
bracaist (b.) – breakfast
bradan – salmon
bràthair – brother
   bràthair m'athar – my uncle
brat-ùrlair – a carpet
breab – kick (a' breabadh)
breac – trout
brèagha – fine
Breatainn (b.) – Britain
breith – grabbing, seizing
briathar – a word, term

briogais (b) – trousers
briosgaid (b.) – biscuit
bris – break (a' briseadh)
bròg (b. –an) shoe
broilleach – breast
bruidhinn – speak
   (a' bruidhinn)
bu – past/conditional of is, 'is'
buaidh (b.) – victory
buail – hit (a' bualadh)
buain – reaping, cutting
buidhe – yellow
buidheann-smàlaidh (b.) –
   fire brigade
buidhinn – win, winning
buntàta – potato(es)
bùrn – water
bus – bus
bùth (b.–bùithtean) – shop.

C

cab – a mouth
cabhag (b.) – haste
cabhsair – a pavement
cafaidh – café
caidil – sleep (na chadal)

càil – anything/nothing
caileag (b.) – girl
caill – lose (a' call)
   air chall – lost
cailleach (b.) – old woman
càin (b.) – a fine
càirich – mend (a' càradh)
cairt (b.) – card
cairt-bìdh – a menu
cairteal – a quarter
càise – cheese
caisteal – a castle
càit? – where?
   càit a bheil mi? – where
   am I?
caith – spend, wear (a'
   caitheamh)
càl – cabbage
cam – bent, crooked
campa – a camp
campachadh – camping
can – say
   can ris – tell him
   cantainn – saying
   their – says, will say
   thuirt – said

ag ràdh – saying
cànan – language
canastair – a can, tin
caoineadh – weeping
caol – narrow, thin
caolas – narrows, sound
caora (b.–ich) – sheep
càr – car
caraid (pl. caraidean 'friends',
   càirdean 'relations') –
   friend
carson? – why?
cas (b.) – a foot, leg
casgan – a brake
cat – cat
cathair (b.–cathraichean) –
   chair
ceann – a head
   an ceann bliadhna – in a
   year's time
ceannaich – buy (a' ceannach)
ceannchadair – buyer,
   customer
ceapaire – sandwich
cearc (b.) – hen
ceàrr – wrong

an làmh cheàrr – the left hand

ceart – right

   ceart gu leòr – all right

ceasnachadh – questioning, a quiz

ceathramh – fourth

ceathrar – four people

cèic (b.) – a cake

cèilidh – a ceilidh

Ceilteach – Celtic

ceist (b.) – a question

ceithir – four

ceò – fog, mist

ceòl – music

ceud – a hundred

ceum – a step; path

cha(n)– 1. *forms negative* (cha do + sèimheachadh *in past*) 2. negative of *is*

chaidh – went (*see* thèid)

chì – will see

cho … ris – as … as

chuala – heard

chun – to

chunnaic – saw

ciad – first

ciall (b.) – sense

   às mo chiall – out of my mind, mad

ciamar? – how?

   ciamar a tha thu? – how are you?

cidsin – kitchen

cinnteach – certain, sure

cìobair – a shepherd

cìoch (b.) – breast

ciste (b.) – coffin

clach (b.) – a stone

Linn na Cloiche – the Stone Age

cladach – a shore

clann (b.) – children

clàr – a record (disc)

cleachd – use, practise (a' cleachdadh)

cleachd e no caill e! – use it or lose it!

clì – left (hand)

clò – cloth

clò-mòr – Harris Tweed

cluas (b.) – ear

club – club

cluich (b.) – a game

cluich – play (a' cluich)

cluinn – hear (a' cluinntinn)

   chuala – heard

cnatan – a cold

cnoc – hill

cò? – who?

   cò às? – where from?

còcaire – a cook

còcaireachd – cooking

co-dhiù – anyway

cofaidh – coffee

cofhurtail – comfortable

còig – five

coileach – a cock

coileach-Frangach – a turkey-cock

coille (b.–coilltean) – a wood

coimhead – look at, watch (a' coimhead)

coinneal (b.–coinnlean) – candle

coinneamh (b.) – a meeting

coinnich – meet (a' coinneachadh)

coinnlear – candlestick

còir – kind, nice

coire (pl. coireachan) – kettle

coisich – walk (a' coiseachd)

coitcheann – public, general

coma – indifferent

   tha mi coma – I don't care

   coma leat – it doesn't matter, never mind

   coma co-dhiù – indifferent

comann – a society

còmhla ri – along with

còmhradh – conversation

companaidh – a company

cop – froth

còrd – please (a' còrdadh)

   chòrd e gu mòr rium – I liked it a lot

corp – body

còta – a coat

còta-bàn – petticoat

còta-mòr – overcoat

craiceann – skin

crann – mast; plough

craobh (b.) – tree

crath – shake (a' crathadh)

crèadh (b.) – clay

crèadhadaireachd (b.) –
   pottery

creag (b.) – a rock

creid – believe (a' creidsinn)

cridhe – heart

cridheil – hearty, merry

crìoch (b.) – an end; border

crìochnaich – finish
   (a' crìochnachadh)

crodh – cattle

crois (b.) – a cross

croit (b.) – a croft

croitear – a crofter

cruaidh – hard

cruinneachadh – collecting

cù – a dog

cuairt (b.) – a round

cucair – cooker

cudthrom – weight;
   importance

cudromach – important

cuibhle (b.–cuibhlichean) –
   a wheel

cuid (b.) – a share
   cuideigin – someone

cuideachd – also

cuidich – help
   (a' cuideachadh)

cuileag (b.) – a fly

cuimhne (b.) – memory

cuimhnich – remember

A' Chuimrigh (b.) – Wales

cuin? – when?

cuir – put (a' cur)
   cuir dhìot do chòta – take
   off your coat
   cuir às an solas – put out
   the light

cuireadh – invitation

cuirm-chiùil (b.) – concert

cùirt (b.) – a court

cùis (b.) – matter; case

cùl – back
   air chùlaibh – behind

cùm – keep (a' cumail)

cumha (pl. cumhachan) –
   condition, term(s)
   of agreement

cunntadh – counting

cunntas – a bill, account

cupa, cupan – a cup

curran – carrot

curran-geal (pl. currain-gheala)
   – parsnip

cùrtair – a curtain

cus – too much

D

dà – two
   dà fhichead – forty

dad – anything/nothing

dàil – delay
   gun dàil – without delay

dannsa – a dance

dannsadh – dancing

daoine – people (see duine)

daor – dear, expensive

dara – second

dath – a colour

dathte – coloured

de – of, off, from
   (+ sèimheachadh)

dè? – what?
   dè na tha e? – how much is
   it?
   dè tha dol? – what's going
   on?

deagh – good
   (+ sèimheachadh)

dealan – electricity
   solas an dealain – electric
   light

dealbh – a picture

dealbh-chluich – a play

dèan – do, make (a'
   dèanamh)
   nì mi – I will do, make
   rinn mi – I did, made

dearbh – certain
   gu dearbh – indeed

dearg – red

deas – right
   air do làimh dheis – on
   your right hand

deich – ten

dèideag (b.) – pebble; toy

deigh (b.) – ice

deireadh – an end
   mu dheireadh thall –
   at long last

deis – ready

deise (b.) – a suit

deoch (b.) – a drink

leis an deoch – drunk

deug – teen

   ochd-deug – eighteen

a dhà – (*number*) two

dhachaigh – homewards

Dia (pl. Diathan) – God

diabhal – devil

diathad (b.) – dinner

dìochuimhnich – forget

dìreach – exactly

dìreadh – climbing

dithis – two people

do – to, for

don – to the, for the

do – your (+ sèimheachadh)

do: particle for the past tense

   of verbs

   an do thuit thu? – did you

   fall?

   cha do smaoinich mi – I

   did not think

dòchas – hope

   tha mi an dòchas – I hope

doirbh – difficult

dol – going (*see* thèid)

domhan – world

dona – bad

   nas miosa – worse

donas – devil

   An donas! – Dammit!

donn – brown

doras (pl. dorsan) – door

   deoch an dorais – the

   parting drink

dotair – doctor

drabasta – dirty, lewd

dràibhig – drive (a' dràibh-

   igeadh)

dràma (b.) – a play

drathais (b.) – underpants,

   panties

dreuchd (b.) – job, profession

droch – bad

   (+ sèimheachadh)

drochaid (b.) – a bridge

dùbailte – double

dubh – black

dùil – expectation

   tha mi an dùil a bhith a'

   tilleadh – I expect

   to be coming back

duilich – sorry, sad

dùin – close (a' dùnadh)

   dùinte – closed

   dùin do chab! – shut up!

duine (pl. daoine) – a man,

   person; husband

dùisg – waken (a' dùsgadh)

dùn – fort

dùthaich (b.–dùthchannan) –

   country

   air an dùthaich – in the

   countryside

E

e – he, it

each – horse

An Eadailt (b.) – Italy

eadar – between

eadar-theangachadh –

   translation

eadar-theangaich – translate

eagal – fear

eagalach – terrible

eaglais (b.) – church

earrach – spring(time)

èigh (b.) – shout (ag èigheachd)

-eigin – some

àiteigin – somewhere

rudeigin – something

An Eilbheis (b.) – Switzerland

eil – is (*see* tha)

eile – other

   pinnt eile – another pint

eilean (pl. eileanan) – island

   Comhairle nan Eilean

   Siar – Western Isles

   Council

èirich – get up, rise (ag èirigh)

Èirinn (b.) – Ireland

èist – listen (ag èisteachd)

Eòrpa (b.) – Europe

   an Roinn Eòrpa (b.) –

   Europe

esan – emphatic form of e

eun (pl. eòin) – bird

F

facal – a word

faclair – dictionary, vocabulary

factaraidh – factory

fad – length

   fad an latha – all day

   fad na slighe – all the way

fada – long

fadalach – late, slow

fàg – leave (a' fàgail)

faic – see

    chì – sees, can see

    chunnaic – saw

    chan fhaca – did not see

    tha mi a' faicinn –

    I (can) see

faigh – get

    gheibh – gets, will get

    chan fhaigh – does not get,

    will not get

    fhuair – got

    a' faighinn – getting

faighnich – ask, enquire

    (a' faighneachd)

fàilte (b.) welcome

fàinne – a ring

fàl – a hedge

falamh – empty

falbh – go away (a' falbh)

    air falbh – gone

falt – hair

fan – wait, stay (a' fantainn)

Am Faoilteach – January

far – where

    far am bi mi fhìn – where I

    am myself

fàs – grow, become

    a' fàs fuar – getting cold

fasgadh – shelter

feadhainn (b.) – ones, some

    an fheadhainn sin –

    those ones

fealla-dhà – fun

feamainn (b.) – seaweed

fear (fir) – a man; one

    fear de na leabhraichean –

    one of the books

    fear-seilbhe – owner

    fear-stiùiridh – director

    sgillinn am fear – a penny

    each

feàrr – better

    nas fheàrr – better

    an duine as fheàrr – the

    best person

    b' fheàrr leam – I would

    prefer

feasgar – afternoon, evening

feitheamh – waiting

feòil (b.) – meat

feòladair – a butcher

feum – use (noun)

feumail – useful

feur – grass

feusag (b.) – a beard

fhathast – yet

fhèin, fhìn – self

    mi fhìn – myself

    ga mharbhadh fhèin –

    killing himself

fiacail (b.–fiaclan) – tooth

fiach – worth, value

fichead – twenty

    còig air fhichead –

    twenty-five

film (pl. filmichean) – a film

fiodh – wood

fìon – wine

fìon-dearc (b.) – grape

fìor – true

    fìor mhath – very good

fios – knowledge

    chan eil fhios agam –

    I don't know

fiosrachadh – information

fir – men (see fear)

fireann – male

fliuch – wet, rainy

flùr (-aichean) – a flower

flùr – flour

fo – under (+ sèimheachadh)

foghar – autumn

fois (b.) – a rest

fòn – telephone

forc (b.) – a fork

fosgail – open (a' fosgladh)

fosgailte – open(ed)

fortanach – fortunate

freagair – answer; fit, suit

    (a' freagradh)

freagairt (b.) – an answer

freagarrach – suitable, fitting

frids – fridge

froca – frock

fuaim – sound, noise

fuar – cold

fuaraich – cool

    (a' fuarachadh)

fuath – hatred

fuirich – wait, stay

    (a' fuireach)

furasta – easy

G

gabh – take (a' gabhail)

gabh ri – accept

gabh òran – sing a song

gach – every, each

Gàidheal – Highlander

Gàidhealach – Highland, Gaelic (*adj.*)

A' Ghàidhealtachd – the Highlands

Gàidhlig – Gaelic

a bheil Gàidhlig agad? – can you speak Gaelic?

gainmheach (b.) – sand

gàirdean – an arm

gàire – a laugh

faite-gàire (b.) – a smile

gàireachdaich – laughing

gal – crying, weeping

galan – gallon

galar – disease

an galar ronnach – foot and mouth disease

gaol – love

gaoth (b.) – wind

a' ghaoth an iar – the west wind

garaids (b.) – a garage

geal – white

gealach (b.) – moon

geall – promise (a' gealltainn)

gèam – a game, match

geamhradh – winter

geàrr – cut (a' gearradh)

geata – gate

ged – although

gheibh – gets, will get (*see* faigh)

An Giblean – April

gille – boy

gìodhar (pl. gìodhraichean) – gear

glainne (b.) – glass

glè – very

glè mhath – very good

gleann (pl. gleanntan) – valley

gleoc – a clock

gluais – move (a' gluasad)

gnìomhair – verb

gnothach – business

gonadh air! – drat!

goirid – short

gòrach – foolish

gorm – blue; green

feur gorm – green grass

gràdh – love

a ghràidh – my dear

gràmar – grammar

grànda – ugly, nasty

greas ort – hurry up

A' Ghrèig (b.) – Greece

grian (b.) – sun

gu – to (*see* p.89)

gu: adverbial prefix

gu math – well

gu leòr – enough

gu(n) – that

thuirt Iain gun robh i bòidheach – Iain said that she was beautiful

thuirt thu gun do bhuail e thu – you said he hit you

gual – coal

gun – without

can rithe gun a thighinn – tell her not to come

gun: form of gu

gùn – gown

gur: form of gu

guth – voice

I

i – she, it

iad – they (*emphatic* iadsan)

iarann – iron

an iarmailt (b.) – the skies

iarr – ask, request, want (ag iarraidh)

iasg (pl. èisg) – fish

idir – at all

ìm – butter

imrich – flitting, moving

inneal – machine, tool

innis – tell, narrate (ag innse)

iomagain – worry, anxiety

fo iomagain – worried

iomain (b.) – shinty

ag iomain – playing shinty

iomlaid (b.) – change (money)

ionnlad – washing, bathing

ionnsaich – learn
(ag ionnsachadh)
is – is
is math sin – that is good
is toigh leam – I like
is ann às a' bheagan a thig
am mòran – from the little
comes the much
tha mi a' creidsinn gur
math sin – I believe
that that is good
bu toigh leam sin – I
would like that
cha mhac mar an t-athair
thu – you'll never fill your
father's shoes
is/agus – and
ise – she (emphatic form of i)
isean – chicken
ist! – be quiet!
nach ist thu! – be quiet!
itealaich – fly
(ag itealachadh)
ith – eat (ag ithe)
an t-Iuchar – July

L

là, latha (pl. làithean) – day
lag – weak
làidir – strong
laigh – lie (na laighe)
tha i na laighe – she is
lying down, she is in bed
làmh (b.) – hand
lampa – lamp
làn – full
laogh – calf
làr – floor
làrach (b.–làraichean) – a ruin
le – with
teanga leam-leat –
(person who speaks with)
forked tongue
leabaidh (b.–leapannan) –
bed
leabhar (pl. leabhraichean) –
book
leabharlann (b.) – library
leanabh (pl. leanaban) – baby
leann – beer
leann-ubhail – cider
leasan – lesson

leathann – wide
lèine (b.–lèintean) – shirt
leisg – lazy
leisgeul – an excuse
gabh mo leisgeul – excuse
me
leisgear – lazybones
leòmhann – lion
leòr: gu leòr – enough
ceart gu leòr – all right
leth – half
leth-cheud – fifty
leth-uair – half an hour
uair gu leth – an hour and
a half
leugh – read (a' leughadh)
leum – jump (a' leum)
liath – grey; light blue
lìon – fill (a' lìonadh)
lite (b.) – porridge
litir (b.–litrichean) – a letter
loch – loch, lake
lof – a loaf
loisg – burn (a' losgadh)
lomnochd – naked
long (b.) – a ship

lorg – find (a' lorgadh)
luath – fast, quick
lugha: nas lugha – smaller, less
An Lùnastal – August

M

ma – if (+ sèimheachadh)
mas e do thoil e – please
ma-thà – then
mac (pl. mic) – son
mach à seo! – let's go;
off you go!
madainn (b.) – morning
mairtfheoil (b.) – beef
mapa – a map
mar – like
mar sin – like that;
therefore
mar seo – like this
mar sin leat – goodbye
marag (b.) – white
pudding
marbh – dead
margadh – market
Am Màrt – March
math – good

bu mhath leam – I would like

nas fheàrr – better

math gu leòr – all right, okay

màthair (b.–màthraichean) – mother

meadhan – middle

meadhan-oidhche – midnight

meadhanach – middling, fairly

meall – deceive (a' mealladh)

meas – fruit

mèinneadair – miner

meur (b.) – a finger; branch

miann – a wish

is miann leam – I wish, desire

mil (b.) – honey

blas na meala – the taste of honey

mìle (pl. mìltean) – thousand; mile

milis – sweet

millean – million

mìlsean – dessert, pudding

min (b.) – meal, flour

min-choirce – oatmeal

mionaid (b.) – a minute

mìos – month

deireadh a' mhìos – the end of the month

mìosachan – calendar

mise – I, me (*emphatic*)

misg (b.) – drunkenness

misgear – drunkard

mnathan (b.) – women, wives (*see* bean)

mo – my (+ sèimheachadh)

mo chreach – alas! Oh, dear!

mòine (b.) – peat

buain na mònach – cutting the peat

mol – suggest; praise (a' moladh)

molag (b.–an) – pebble

mòr – big

nas motha – bigger

cha mhòr nach do thuit e – he almost fell

mòran – a lot

mu – about

òran mu dheidhinn a' mhinisteir – a song about the minister

an duine mu dheireadh – the last man

muc (b.) – pig

muicfheoil (b.) – pork

muinntir (b.) – people

muir (b.) – sea

mullach – summit; ceiling

mura, mur – unless, if not

mura biodh an crodh cha ghabhainn thu – if it weren't for the cattle I wouldn't take you

mura h-e Bran, is e a bhràthair – if it isn't Bran, it's his brother

mus – before

mus fhalbh mi – before I go

N

na, nam, nan – the (*plural*)

na – don't

na bris do chas – don't break your leg

na – than

naidheachdan (b.) – news

nàire (b.) – shame

nàiseanta – national

nàiseantach – nationalist

nan, nam – if

naoi – nine

naoinear – nine people

naomh – saint

neach – person

neapaigear – handkerchief

neònach – strange, odd

neoni – nothing, nil

neul (pl. neòil) – a cloud

nì – will do, does (*see* dèan)

nigh – wash (a' nighe)

no – or

an Nollaig (b.) – Christmas

not – a pound (money)

nuair – when

O

o – from (+ sèimheachadh)

o chionn fhada – long ago

obair (b.) – work (ag obair)

obraiche – worker

ochd – eight

ogha – grandson, grandchild

An t-Ògmhios – June

oidhche (b.–annan) – night

    oidhche mhath – goodnight

oifis (b.) – office

oifis a' phuist – post office

oisean – a corner

òl – drink (ag òl)

ola (b.) – oil

olann (b.) – wool

olc – evil

orainsear – an orange

òran – song

    òran luaidh – waulking

    song

òranaiche – singer

os cionn – above

P

pàigh – pay (a' pàigheadh)

pàipear – paper; newspaper

paisg – pack (a' pasgadh)

pàiste – child

pàrant – a parent

pàrtaidh – a party

partan – shore crab

pathadh – thirst

    tha am pathadh orm –

    I am thirsty

peann – a pen

peant – paint (a' peantadh)

peasair (b.) – pea(s)

peasan – a brat, a pest

peatrail – petrol

pian (b.–tan) – pain

pillean – pillow, cushion

pinnt – pint

pìob (b.) – a pipe

    ceòl na pìoba – the music

    of the pipes

pìobaireachd (b.) – piping

piobar – pepper

piuthar (b.-peathraichean) –

    sister

    piuthar mo mhàthar –

    my aunt

plaide (b.) – a blanket

plèana – aeroplane

plucan – a plug

poca – a bag

poca-cadail – sleeping-bag

pòcaid (b.) – a pocket

pòg (b.) – kiss (a' pògadh)

poileas – police, policeman

poit (b.) – a pot

portair – a porter

pòs – marry (a' pòsadh)

    bean-phòsta – a married

    woman

post – post, mail

preas – a press, cupboard

preusant – a present

prògram – a programme

prothaid (b.) – profit

punnd – a pound (weight)

R

ràdh – saying (*see* can)

ràitheachan – magazine

rathad – road

reamhar – fat

reic – sell

    ga reic – for sale

rèidio (pl. –than) – radio

reithe – a ram

reòiteag (b.) – an ice cream

reoth – freeze (a' reothadh)

reòthte – frozen

ri – to

    a' bruidhinn ri – speaking

    to

righinn (*of meat*) – tough

rinn – did, made (*see* dèan)

rionnach – mackerel

rionnag (b.) – a star

ro – before (+ sèimheachadh)

    roimhe – previously,

    before

ro – too (+ sèimheachadh)

ro-aithris – a forecast

robh – was (*see* tha)

roghainn (b.) – a choice

An Ròimh (b.) – Rome

ròpa – rope

ròs – a rose

roth – wheel

rud – thing

    rud sam bith – anything

    rudeigin – something

rug – caught (*see* beir)

rugadh e – he was born

ruig – reach (a' ruigsinn)

ruith – run (a' ruith)
rùnaire – secretary

S

's – is (form of is)
   's e nurs a tha innte – she is
   a nurse
's – and (form of agus)
sa (+ sèimheachadh), san –
   in the
sabaid (b.) – a fight
Sàbaid (b.) – Sabbath, Sunday
sabhs – sauce
salach – dirty
salann – salt
sam bith – any
   duine sam bith – anybody
sàmhach – quiet
samhradh – summer
saoghal – world
saor – free; cheap
saor-làithean – holidays
saorsa (b.) – freedom
Sasainn (b.) – England
Sasannach – an English
   person; English

sàsar – saucer
's e – he is (form of is e)
seacaid (b.) – jacket
seachd – seven
seachdnar – seven people
seadh – yes
sealbh – fate
   taing do shealbh –
   thank goodness
seall – look, show
   (a' sealltainn)
seall air an telebhisean –
watch the television
seall dhomh e – show it to
me
sealladh – a view
seann – old (+ sèimheachadh)
seanair – grandfather
seanmhair (b.) – grandmother
searrach – a foal
seas – stand (na sheasamh)
seic (b.) – cheque
seilcheag (b.) – snail
sèimh – gentle
sèimheachadh – lenition
seinn – sing (a' seinn)

seo – this, these
   an duine seo – this person
   seo an t-airgead – here is
   the money
   an seo – here
seòl – a sail
seòl – sail (a' seòladh)
seòladair – a sailor
seòmar – a room
seòmar-cadail – bedroom
seòmar-còmhnaidh –
   living-room
seòmar-ionnlaid – bathroom
seòmar-suidhe – sitting-room
seòrsa – a kind, sort
sgadan – herring
sgàthan – a mirror
sgeadaich – dress, decorate
   (a' sgeadachadh)
sgeilp (b.) – a shelf
sgeulachd (b.) – a story
sgian (b.-sgeinean) – a knife
sgillinn (b.) – penny
sgiort (b.) – a skirt
sgìre (b.) – parish
sgìth – tired

sglèat – slate
sgoil (b.–tean) – a school
sgòrnan – throat
sgòthach – cloudy
sgrìobh – write
   (a' sgrìobhadh)
shìos – down below (position)
shuas – up above (position)
shuas an staidhre – upstairs
sia – six
siabann – soap
sianar – six people
sibh – you (plural; emphatic
   sibhse)
silidh – jam
sin – that, those
   sin sin! – that's that!
   an sin – there
singilte – single
sinn – we, us (emphatic sinne)
siogàr – cigar
siorrachd (b.) – a shire, county
siorram – sheriff
sìos – down (moving)
sìth (b.) – peace
siubhail – travel (a' siubhal)

siùcar – sugar
siuga (b.) – a jug
slàinte (b.) – health
slàn – healthy
slàn leat – goodbye
slaodach – slow
slat (b.) – a rod; a yard
slighe (b.) – a way, road
sluagh – people
smaoin – thought, idea
smaoinich – think
   tha mi smaoineachadh –
   I think
sna – in the (*plural*)
snàmh – swim (a' snàmh)
sneachd – snow
snog – nice
sodalan – snob
sòfa – sofa
soirbh – easy
soitheach – dish, vessel
solas – light
spàin (b.) – a spoon
speuclairean – spectacles
spòg (b.) – hoof
sràid (b.) – street

air an t-sràid – in the street
sròn (b.) – nose
stad – stop (a' stad)
staidhre (b.) – stair(s)
stailc (b.) – a strike
stamp (b.) – a stamp
stocainn (b.) – stocking, sock
stèisean – a station
stòl – stool
suas – up (*moving*)
suibheag – berry
suibheag-làir – strawberry
sùgh – juice
sùgh feòla – gravy
suidh – sit (na shuidhe)
suidheachan – a seat
sùil (b.) – eye
streap – climbing,
   mountaineering

T

tagsaidh – a taxi
taìdh (b.) – a tie
taigh – a house (on the a)
(an) taigh-beag – toilet
taigh-dhealbh – cinema

taigh-òsta – hotel
taigh-samhraidh – holiday
   home, summer house
taigh-seinnse – pub
taigh-sneachda – igloo
taigh-tasgaidh – museum
taing (b.) – thanks
   mòran taing – thank you
   very much
   taing do shealbh – thank
   goodness
talamh – earth
talla – hall
tàmailt (b.) – an insult
tana – thin; shallow
taobh – side
   ri taobh – beside
tapadh leat – thank you
tarbh – bull
tarraing – pull, draw
   (a' tarraing)
   mo tharraing-sa – *my* turn
teagamh – uncertainty, doubt
   gun teagamh –
   undoubtedly
teagaisg – teach (a' teagasg)

teaghlach – family
teanga (b.) – a tongue
teanta (b.) – tent
teine – fire
   tha e na theine – it is on
   fire
telebhisean – television
teth – hot
   nas teotha – hotter
teud – rope, string
tha – is
   chan eil – is not
   bidh, bithidh – is, are, will
   be
   bha – was
   an robh? – was? were?
   bhiodh, bhitheadh –
   would be
   a bhith – to be
   tha agam ri … – I have to
thall – over there
thalla – go away
thar – past
thall thairis – abroad
thèid – go, will go (a' dol)
   chaidh – went

cha deach – did not go

dheighinn – I would go

dè tha dol? – what's happening?

their – says (see can)

thig – come (a' tighinn)

   thàinig – came

thoir – give (a' toirt)

   bheir – give, will give

   thug – gave

   thoir dhomh – give me

thu – you (emphatic thusa)

tì (b.) – tea

ticead (b.) – a ticket

tìde (b.) – time

   uair a thìde – an hour ('s time)

   tha (a) thìde agam falbh – it's time for me to go away

tidsear – teacher

tighearna – a lord

till – return (a' tilleadh)

timcheall – around

tinn – ill, sick

tioram – dry

tiormaich – dry

(a' tiormachadh)

tog – lift, build (a' togail)

   tog ort! – off you go!

togalach – a building

toigh: an toigh leat leann? – do you like beer?

   cha toigh l' – I do not

toil (b.) – will

   mas e do thoil e – if you please, please

   toil Dhè – God's will

toilichte – pleased, happy

toirmisgte – prohibited

tòisich – start, begin (a' tòiseachadh)

toitean – cigarette

toll – a hole

tòn (b.) – bottom (person)

tonn – a wave

tòrr – a lot

tost – toast

trafaig (b.) – traffic

tràigh (b.) – a beach

trang – busy

tràth – early

trèana (b.–ichean) – a train

trì – three

tric – often

trì-fillte – treble

triùir – three people

tro – through (+ sèimheachadh)

trobhad – come, come on!

trom – heavy

truagh – sad, pitiful

   is truagh sin – that's a pity

truinnsear – a plate

trustar – nasty person, wretch

tu, tusa – you (forms of thu, thusa)

tuathanach – farmer

tuathanas – a farm

tugainn – come on; let's go

tuig – understand (a' tuigsinn)

   chan eil mi gad thuigsinn – I can't understand you

tuilleadh – more

   cha dèan mi sin tuilleadh – I won't do that any more

tuit – fall (a' tuiteam)

turas – a journey

U

uabhasach – terrible; very

   uabhasach brèagha – extremely beautiful

uachdar – top; cream

uachdaran – landlord

uaine – green

uainfheoil (b.) – lamb

uair (b.–ean) – hour; time

   dè an uair a tha e? – what time is it?

   tha e uair – it is one o'clock

   uair a thìde – an hour ('s time)

uan – a lamb

uasal – noble

   duine-uasal – a nobleman

ubhal (pl. ùbhlan) – apple

ugh (pl. uighean) – egg

uidheam – equipment

ùidheil – interesting

uile – all

   a h-uile la tha – every day

ùine (b.) – time

   chan eil ùine gu leòr ann –

there is not enough time

uinneag (b.) – window

uisge – water, rain

   tha an t-uisge ann –
   it is raining

uisge-beatha – whisky

uncail – uncle

ur – your (pl.)

ùr – new, fresh

ùrlar – floor

urrainn: is urrainn dhomh –
   I can, am able to

Faclair Beurla-Gàidhlig

A

a – omitted in Gaelic

able: is urrainn dhomh –
   I am able (to)

above – os cionn

accept – gabh ri

ache – pian

across – thairis air

actor – actair

address – seòladh

aeroplane – plèana

after – an dèidh

after all – an dèidh a h-uile
   rud

again – a-rithist

age – aois

agree – aontaich

alas! – mo chreach!

all – uile

all day – fad an latha

all right – ceart gu leòr

also – cuideachd

always – an-còmhnaidh,
   daonnan

and – agus

anger – fearg

animal – ainmhidh

answer – freagairt (*noun*),
   freagair (*verb*)

any – sam bith

   do you want any more? –
   a bheil thu ag
   iarraidh tuilleadh?

apple – ubhal

apron – aparan

arm – gàirdean

at – aig

at all – idir

at last – mu dheireadh

attract – tarraing

aunt – antaidh

autumn – foghar

awake (*verb*) – dùisg

away – air falbh

awful – uabhasach

B

baby – leanabh

back – druim

   going back – a' dol air ais

bad – dona, droch

bake – fuin

ball – bàlla

bank – banca

bar – bàr

bargain – bargan

basket – basgaid

be – bi

beach – tràigh

beautiful – bòidheach

because – a chionn is, oir

bed – leabaidh

beef – mairtfheoil

beer – leann

before – ro, mus

   before evening – ro
   fheasgar

   I saw him before –
   chunnaic mi roimhe e

   he is standing before me –
   tha e na sheasamh air mo
   bheulaibh

behind – air chùlaibh

believe – creid

bell – clag
belly – brù
below – fo (*preposition*), shìos
　　(*adverb*)
bend – lùb
bent – cam
beside – ri taobh
best – is fheàrr, b' fheàrr
　　the best beer – an leann as
　　fheàrr
better – nas fheàrr, na b' fheàrr
between – eadar
big – mòr
bigger – nas motha
bird – eun
black – dubh
blanket – plaide
blouse – blobhsa
body – corp
boil – bruich, goil
boiled egg – ugh bruich
bone – cnàmh
book – leabhar
boot – bòtann
bottle – botal
bowl – bobhla

box – bogsa
boy – balach
bra – brà
brat – peasan
bread – aran
break – bris
breakfast – bracaist
breast – cìoch
bride – bean-bainnse
bridegroom – fear-bainnse
bridge – drochaid
bring – thoir
broad – leathann
brother – bràthair
brown – donn
bucket – bucaid
build – tog
building – togalach
burn (*verb*) – loisg
burn (*noun* = stream) – allt
bus – bus
busy – trang
but – ach
butcher – feòladair
butter – ìm
by – le

a song by Màiri Mhòr –
òran le Màiri Mhòr
passing by – a' dol seachad
down by the river – shìos
ri taobh na h-aibhne

C

cabbage – càl
café – cafaidh
cake – cèic
calendar – mìosachan
call – gairm
　　call the doctor – cuir fios
　　air an dotair
camp – campa (*noun*),
　　campaich (*verb*)
can – canastair
can: is urrainn dhomh – I can
candle – coinneal
candlestick – coinnlear
car – càr
card – cairt
　　postcard – cairt-puist
care – faiceall, cùram
　　be careful! – thoir an aire!
　　I don't care – tha mi coma

carrots – currain
carry – giùlain
case – ceas (*suitcase*), cùis
　　(*legal*), tuiseal (*grammar*)
castle – caisteal
cat – cat
catch – beir air
cause – adhbhar
　　good cause – deagh
　　adhbhar
Celtic (*adjective*) – Ceilteach
century – linn
ceremony – deas-ghnàth
chair – cathair
change – atharraich,
　　atharrachadh
change (*money*) – iomlaid
chapel – caibeal
cheap – saor
chemist – fear-chungaidh
cheque – seic
chicken – isean
child – pàiste
chill – cnatan
　　I've got a chill – tha cnatan
orm

choose – tagh
church – eaglais
cigarette – toitean
cinema – taigh-dhealbh
clean – glan
clear – soilleir; glan (*verb*)
climb – dìrich
clock – gleoc
close – dùin; closed – dùinte
clothes – aodach
cloud – neul
coal – gual
coat – còta; overcoat – còta-
   mòr
cock – coileach
coffee – cofaidh
cold – fuar (*adjective*), fuachd
   (*noun*); cnatan (*noun*)
   getting colder – a' fàs fuar
collect – cruinnich
company – companaidh
come – thig
come in – thig a-steach
come on! – trobhad!
comfortable – cofhurtail
content – toilichte

cooking – còcaireachd
corner – oisean
correct – ceart
cost – cosgais
   this costs a pound –
   cosgaidh seo not
cottage – bothan
count – cunnt
country – dùthaich
county – siorrachd
court – cùirt
courting – suirghe
couple – dithis; càraid
cow – bò
cowshed – bàthach
crab – partan
craft – ceàird
cream – uachdar
croft – croit
crofter – croitear
cross – crois (*noun*), crosta
   (*adjective*)
cry – guil, caoin
cup – cupa, cupan
cupboard – preas
curtains – cùrtairean

customer – ceannchadair
cut – geàrr

D

dance – danns, dannsa
dark – dorcha
dear (*expensive*) – daor
defeat – faigh buaidh air
devil – diabhal
difficult – doirbh
dinner – dìnnear, diathad
dirt – salchar
disease – galar
dish – soitheach
do – dèan
dog – cù
don't – na
   don't sit here – na suidh
   an seo
door – doras
double – dùbailte
dozen – dusan
dress – sgeadaich (*verb*);
   dreasa (*noun*)
drink – òl (*verb*); deoch (*noun*)
drive – dràibhig

drop – braon (*noun*)
drunk – leis an deoch
drunkard – misgear
dry – tioram
dust – stùr

E

each – a h-uile
   each man is going home –
   tha gach duine a' dol
   dhachaigh
   sixpence each – sia sgillinn
   am fear
ear – cluas
early – tràth
earth – talamh
east – an ear
easy – soirbh, furasta
eat – ith
egg – ugh
electricity – dealan
empty – falamh
end – deireadh, crìoch
engagement (couple) –
   gealladh-pòsaidh
engine – inneal

England – Sasainn
English (*language*) – Beurla
English – Sasannach (*noun* and *adjective*)
enjoyment – tlachd
enough – gu leòr
evening – feasgar
everyone – a h-uile duine
everything – a h-uile rud
evil – olc
exactly – dìreach
excellent – fìor mhath
except – ach
excuse me – gabh mo leisgeul
expect – bi an dùil ri
expensive – daor
eye – sùil

F

face – aghaidh
factory – factaraidh
fair – cothromach (*adjective*); fèill (*noun*)
fairly – meadhanach
fall – tuit
far – fada

farm – tuathanas
farmer – tuathanach
fast – luath
fat – reamhar (*adjective*); saill (*noun; of meat*)
fear – eagal
I'm afraid – tha eagal orm
feel – fairich
fetch – faigh
few – beagan
field – achadh, pàirc
fill – lìon
film – film
find – faigh
fine – brèagha (*adjective*); càin (*noun*)
finger – meur
finish – crìochnaich
fire – teine
fire brigade – buidheann-smàlaidh
first – a' chiad
at first – an toiseach
fish – iasg
fishing – iasgach
flattery – miodal

floor – ùrlar
flow – sil (verb)
flower – flùr
fly – cuileag (*noun*); itealaich (*verb*)
fog – ceò
fool – amadan; (*female*) òinseach
foot – cas; troigh (*measure*)
for – airson
forest – coille
deer-forest – frìth
fork – forc
fort – dùn
fortnight – cola-deug
fortunate – fortanach
forwards – air adhart
free – saor
freedom – saorsa
fresh – ùr
fridge – frids
friend – caraid
frock – froca
from – o, bho
front – toiseach
in front of – air beulaibh

fruit – meas
full – làn
fun – fealla-dhà
furniture – àirneis

G

gallon – galan
game – gèam; cluich
garage – garaids
garden – lios, gàrradh
garment – aodach
gas – gas
gate – geata
gear – gìodhar
gents (*toilet*) – fir
Germany – a' Ghearmailt
get – faigh
get married – pòs
get off (clothes) – cuir dhìot
get up – èirich
get away! – thalla!
I've got a book – tha leabhar agam
gift – preusant
girl – caileag

give – thoir
glad – toilichte
glass – glainne
glasses – speuclairean
glove – làmhainn, miotag
go – thèid
  go away – thalla
God – Dia
  thank God – taing do Dhia
gone – air falbh
gold – òr
good – math
  goodbye – mar sin leat
  good night – oidhche
  mhath
grandfather – seanair
grandmother – seanmhair
grapes – fion-dearcan
grass – feur
grate – grèata
great – mòr; (good) glè mhath!
green – uaine
green grass – feur gorm
groom – fear-bainnse; (horse)
  gille-each
grow – fàs

H

hair – falt
  the colour of her hair –
  dath a fuilt
half – leth
hall – talla
  town hall – talla a' bhaile
hand – làmh
handkerchief – neapaigear
happy – sona
hard – cruaidh
harp – clàrsach
haste – cabhag
hat – ad
hate – fuath
have – tha … aig
he – e, esan
head – ceann
health – an t-slàinte
  good health! – slàinte
  mhath!
healthy – slàn
hear – cluinn
heart – cridhe
heavy – trom
hedge – fàl

hell – ifrinn
hello – halò
help – cuidich (verb); cobhair
  (noun)
hen – cearc
here – an seo
herrings – sgadain
high – àrd
hill – cnoc
hole – toll
holidays – saor-làithean
home – aig an taigh
  (position); dhachaigh
  (movement towards)
honey – mil
hope – dòchas
horse – each
hospital – ospadal
hot – teth
hotel – taigh-òsta
hour – uair a thìde
house – taigh
how? – ciamar?
hundred – ceud
hurry (up) – greas (ort)
husband – duine, cèile

I

I – mi, mise
ice – deigh
idea – beachd-smaoin
if – ma, nan, nam
igloo – taigh-sneachda
ill – tinn
illness – galar, tinneas
important – cudromach
in (a) – an, ann an
in the – sa, san (singular), sna
  (plural)
inside – a-staigh
into the – a-steach sa(n)
indeed – gu dearbh
instrument – ionnsramaid
interesting – ùidheil
invitation – cuireadh
invite – thoir cuireadh
Ireland – Èirinn
Irish (language) –
  Gàidhlig na h-Èireann
iron – iarann
island – eilean
it – e, i
Italy – An Eadailt

J

jacket – seacaid

jail – prìosan

jam – silidh

job – cosnadh, obair

journey – turas

jug – siuga

jump – leum

K

keep – cùm

keeper – fear-coimhid

kettle – coire

kick – breab

kind – seòrsa (*noun*); coibhneil
(*adjective*)

kiss – pòg

kitchen – cidsin

knickers – drathais

knife – sgian

know – tha fhios agam
(*a fact*); tha mi ag
aithneachadh (*a person*)

L

ladies – mnathan, boireannaich

lake – loch

lamb – uan

lame – bacach

lamp – lampa

land – tìr

language – cànan

last – mu dheireadh

last night – a-raoir

last week – an t-seachdain
seo chaidh

late – fadalach

laughing – a' gàireachdainn

lazybones – leisgear

learn – ionnsaich

least – … as lugha

leave – fàg

left – ceàrr
on your left – air do làimh
cheàrr

letter – litir

library – leabharlann

lie (down) – laigh

life – beatha, saoghal

light – solas (*noun*); aotrom
(*adjective*)

I'd like milk – tha mi ag
iarraidh bainne

list – liosta

a little – beagan

live, living – beò

living-room – seòmar-
còmhnaidh

loaf – lof

long – fada

look – seall, coimhead

look after – thoir an aire air

lose – caill

a lot – mòran

love – gaol
I love her – tha gaol agam
oirre

lovely – àlainn

low – ìosal

lunch – lòn

M

machine – inneal

mad – air chuthach, às mo
chiall

magazine – ràitheachan

make – dèan

man – duine, fear

manager – manaidsear

many – mòran

Manx (*language*) –
a' Ghàidhlig Mhanainneach

map – mapa

market – margadh

marry – pòs

no matter – is coma

meat – feòil

menu – cairt-bìdh

message – teachdaireachd

middle – meadhan

mile – mìle

milk – bainne

minute – mionaid

mirror – sgàthan

mist – ceò

mix – measgaich

mix-up – breisleach

money – airgead

month – mìos

moon – gealach

more – tuilleadh, barrachd

morning – madainn

most – a' chuid as motha

mother – màthair

mountain – beinn

mouth – beul

move – gluais

much – mòran

    how much is it? – dè na tha e?

    too much – cus

    much too young – fada ro òg

museum – taigh-tasgaidh

must: I must – feumaidh mi

    I have to – tha agam ri

    I had to – b' fheudar dhomh

my – mo

    my mother – mo mhàthair

    my car – an càr agam

N

naked – lomnochd

name – ainm (*noun*), ainmich (*verb*)

narrow – caol

nasty – grànda

nation – nàisean, cinneach

national – nàiseanta

nationalist – nàiseantach

naughty – beadaidh

near – faisg

neck – amhach

next – ath

    next Monday – Diluain seo tighinn

new – ùr

    New Year's night – oidhche na Bliadhna Ùire

news – na naidheachdan

newspaper – pàipear-naidheachd

nice – snog

night – oidhche

    tonight – a-nochd

    last night – a-raoir

no – chan e, chan eil *etc.*

noise – fuaim, faram

north – tuath

    in the north – san taobh tuath, mu thuath

    the north wind – a' ghaoth a tuath

nose – sròn

not – cha(n)

I told him not to do that – thuirt mi ris gun sin a dhèanamh

    not at all – cha(n) … idir

nothing – càil, dad

now – a-nise, an-dràsta

number – àireamh

nurse – nurs, banaltram

O

of – de

off – de, o

office – oifis

oil – ola

old – seann, sean

older – nas sine

on – air

once – aon uair

one – a h-aon

one (of a number of things) – fear (*masculine*), tè (*feminine*)

onions – uinneanan

only – a-mhàin; aon

open – fosgail (*verb*), fosgailte (*adjective*)

or – no

orange – orainsear

other – eile

our – ar

Our Father – Ar n-Athair

out – a-mach

    outside – a-muigh

    out of the house – a-mach às an taigh

oven – àmhainn

over – thar, os cionn

overcoat – còta-mòr

own – fhèin

    your own opinion – do bheachd fhèin

    who owns it? – cò leis a tha e?

P

pack – paisg

pain – pian

paint – peant (*noun*); peant (*verb*)

pants – drathais

paper – pàipear

pardon me – gabh mo leisgeul

parents – pàrantan

park – pàirc
parliament – pàrlamaid
parsnips – currain-gheala
party – pàrtaidh
path – ceum
pavement – cabhsair
pay – pàigh
peace – sìth
peas – peasair, peasraichean
pen – peann
penny – sgillinn
pepper – piobar
perfume – boltrach
perhaps – dh'fhaodte, 's dòcha
petticoat – còta-bàn
phone – fòn
picture – dealbh
pig – muc
pillow – cluasag
pint – pinnt
pipe – pìob
place – àite
plane – plèana, itealan
plate – truinnsear
platform – àrd-ùrlar
play – cluich (verb), dealbh-

chluich (noun)
please – mas e do thoil e
pleased – toilichte
plug – plucan
pocket – pòcaid
poet – bàrd
pole – pòla
police (officer) – poileas
poor – bochd
porridge – lite, brochan
portion – earrann
post – post
Post Office – Oifis a' Phuist
potatoes – buntàta
pottery – crèadhadaireachd
pound – punnd (weight), not
    (money)
preach – searmonaich
preacher – searmonaiche
prefer – is fheàrr le
    I would prefer – b' fheàrr
    leam
prepare – deasaich
present – preusant
    at present – an-dràsta
pretty – grinn

price – prìs
priest – sagart
programme – prògram
promise – geall
proud – pròiseil, uaibhreach
pub – taigh-seinnse
public – coitcheann
pudding – mìlsean (dessert)
    white pudding – marag
    gheal; black pudding –
    marag dhubh
pull – tarraing
put – cuir

Q

quarrel – trod (noun)
quarter – cairteal
queen – banrigh
question – ceist
queue – ciudha
quick – luath
quiet – sàmhach
quiz – ceasnachadh

R

radio – rèidio

rain – uisge
raise – àrdaich, tog
ram – reithe
reach – ruig
read – leugh
ready – deis, deiseil
receive – faigh
recognise – aithnich
record – clàr (noun)
recovery – piseach
    I recovered – thàinig
    piseach orm
red – dearg; (of hair) ruadh
remain – fan, fuirich
remember – cuimhnich
rest – fois (ease); fuigheall
    (remainder)
    I rested – ghabh mi fois
return – till
rich – beartach
right – ceart
    on your right-hand side –
    air do làimh dheis
ring – fàinne
river – abhainn
road – rathad

rock – creag (*noun*); luaisg (*verb*)

room – seòmar

rope – ròpa

rose – ròs

round (*noun*) – cuairt

ruin – làrach (*noun*), mill (*verb*)

run – ruith

S

sad – brònach, duilich

sail – seòl

saint – naomh

sale – fèill-reic

for sale – ga reic

salmon – bradan

salt – salann

same – aon; ceudna

in the same way – san aon dòigh

sand – gainmheach

sandwich – ceapaire

satisfy – sàsaich

sauce – sabhs

say – can

school – sgoil

score – fichead (20); sgòr

screen – sgàilean

sea – muir

seat – suidheachan

second – dara (*adjective*), diog (*noun*)

secretary – rùnaire

see – faic

self – fhèin

sell – reic

send – cuir

sermon – searmon

shave – beàrr

she – i, ise

sheep – caora

shelf – sgeilp

sheriff – siorram

shirt – lèine

shoe – bròg

shop – bùth

short – goirid, geàrr

shorter – nas giorra

shovel – sluasaid

show – seall

shut – dùin (*verb*), dùinte

(*adjective*)

side – taobh

silver – airgead

sing – seinn

singer – seinneadair

single – singilte

sister – piuthar

sit – suidh

skin – craiceann

skirt – sgiort

sky – adhar

slate – sglèat

sleep – caidil (*verb*), cadal (*noun*)

slow – slaodach

small – beag

smile – faite-gàire

smoke – smùid, toit, ceò

smoking – smocadh

snow – sneachd

so – mar sin

soap – siabann

society – comann

sock – stocainn

sofa – sòfa

someone – cuideigin

something – rudeigin

sometimes – uaireannan

somewhere – an àiteigin

song – òran

sorrow – bròn

sound – fuaim

soup – brot

speak – bruidhinn

special – air leth

spectacles – speuclairean

spend – caith

spirit – spiorad

spoon – spàin

spring – earrach (*season*)

stall – stàile

start – tòisich (*verb*), toiseach (*noun*)

station – stèisean

stay – fuirich

still – fhathast

stockings – stocainnean

stone – clach

stop – stad, sguir (*verbs*)

story – sgeulachd

stove – stòbha

strawberries – suibheagan-làir

street – sràid
strike – buail (*verb*), stailc
   (*noun*)
strong – làidir
sugar – siùcar
suggest – mol
suit – deise (*noun*), freagair
   (*verb*)
summer – samhradh
summit – mullach
sun – grian
sunbathe – gabh a' ghrian
supper – suipear
sure – cinnteach
swear – mionnaich
sweet – milis
sweetheart – leannan
swim – snàmh
Switzerland – An Eilbheis

T
table – bòrd
tackle – uidheam (*noun*)
take – gabh
talk – bruidhinn
tall – àrd

taste – blas (*noun*), blais (*verb*)
tasty – blasta
tea – tì
teach – teagaisg
teacher – tidsear
team – sgioba
tease – tarraing à
telephone – fòn
television – telebhisean
tent – teanta
thanks – taing
thank you – tapadh leat
that – gu; a
that – sin (*adjective*)
the – a', an, am, na, nan, nam
them/they – iad, iadsan
then – an uair sin
there – an sin
these – seo
thigh – sliasaid
thin – caol
thing – rud
think – smaoinich
thirst – pathadh
   I am thirsty – tha am
   pathadh orm

this – seo
thousand – mìle
throat – sgòrnan
throw – tilg
ticket – ticead
tide – seòl-mara
   high tide – làn-mara
tie – tàidh (*noun*), ceangail
   (*verb*) (on a)
time – tìde, àm, ùine
   what time is it? – dè an
   uair a tha e?
tin (can) – canastair
tired – sgìth
tiresome – sgìtheil
to – gu, do, a dh'ionnsaigh
toast – tost
toilet – taigh-beag
tomato – tomàto
tomorrow – a-màireach
tonight – a-nochd
too – cuideachd
too – ro
too much – cus
tooth – fiacail
toothache – an dèideadh

top – bàrr
tower – tùr
town – baile-mòr
trace – lorg
traffic – trafaig
train – trèana
translate – eadar-theangaich
transport – giùlan (*noun*)
travel – siubhal (*noun*)
treble – trì-fillte
tree – craobh
trousers – briogais
tune – fonn
turkey – eun-Frangach
turn – tionndaidh (*verb*),
   tarraing (*noun*)
tweed – clò
   Harris Tweed – an Clò
   Mòr, an Clò Hearach
twenty – fichead
twice – dà uair
two – dà, a dhà
two people – dithis

U
ugly – grànda

uncle – uncail
under – fo
underpants – drathais
understand – tuig
unfortunately – gu
   mì-fhortanach
upstairs – shuas an staidhre

V

valley, vale – gleann
value – luach
very – glè
village – baile-beag
voice – guth

W

wait – fuirich
wait a minute! – fuirich
   mionaid!
wake – dùisg
Wales – a' Chuimrigh
walk – coisich
   take a walk – gabh ceum
wall – balla
want: I want … – tha mi ag
   iarraidh …

warm – blàth
wash – nigh
water – uisge, bùrn
watch – coimhead air (*verb*);
   uaireadair (*noun*)
wave – tonn, stuagh
way – slighe, dòigh
weak – lag (method)
wear – caith
weather – aimsir
wedding – banais
week – seachdain
welcome – fàilte
well – gu math (*adverb*), tobar
   (*noun*)
Welsh (*language*) – a'
   Chuimris
wet – fliuch
what? – dè?
wheel – cuibhle
when? – cuin?
when – nuair
where? – càit?
where are you from? – cò às a
   tha thu?
whisky – uisge-beatha

white – geal
who? – cò?
why? – carson?
wide – leathann
wife – bean
will – toil
   please – mas e do thoil e
win – buidhinn
wind – gaoth
window – uinneag
wine – fìon
winter – geamhradh
wish – miannaich (*verb*),
   miann (*noun*)
with – le, còmhla ri
woman – boireannach
wonderful – iongantach
wood – fiodh; a wood – coille
word – facal
work – obair
world – domhan
worse – nas miosa
worth – fiach
wound – leòn
write – sgrìobh
wrong – ceàrr

Y

year – bliadhna
yellow – buidhe
yes – seadh, tha *etc.*
yet – fhathast
you – thu, thusa; (*plural*) sibh,
   sibhse
young – òg
your – do; (*plural*) ur

BIRLINN LTD (incorporating John Donald and Polygon) is one of Scotland's leading publishers with over four hundred titles in print. Should you wish to be put on our catalogue mailing list **contact**:

Catalogue Request
Birlinn Ltd
West Newington House
10 Newington Road
Edinburgh EH9 1QS
Scotland, UK

Tel: + 44 (0) 131 668 4371
Fax: + 44 (0) 131 668 4466
e-mail: info@birlinn.co.uk

Postage and packing is free within the UK. For overseas orders, postage and packing (airmail) will be charged at 30% of the total order value.

For more information, or to order online, visit our website at **www.birlinn.co.uk**

Birlinn Limited
IMPRINTS: JOHN DONALD · POLYGON